A CONFEITARIA FRANCESA POR

CEDRIC GROLET

FLEURS

TRADUÇÃO: HECI REGINA CANDIANI

EDITORA SENAC SÃO PAULO - SÃO PAULO - 2025

"E DEPOIS DE *FRUITS*, O QUE VOCÊ PLANEJOU?"

"E depois de *Fruits*, o que você planejou?"

Essa foi a pergunta que clientes e frequentadores começaram a me fazer. Eu respondia com toda a naturalidade: "Depois das frutas, vêm as flores". Como uma sequência lógica. As flores são um tema magnífico, um *playground* infinito para um chef confeiteiro. Elas simbolizam a vida, a elegância e a pureza. É possível brincar com cores, formas e ingredientes. Elas são extremamente inspiradoras para mim.

Além disso, oferecer a alguém uma flor que se pode comer é um belo gesto. Tradicionalmente, oferecemos um buquê de flores em uma ocasião especial. Eu queria acrescentar uma dimensão extra a esse presente, tornando-o comestível.

Minha primeira memória relacionada a flores? Quando eu era criança, lembro de dizer à minha mãe: "Queria lhe dar um presente, mas não tenho dinheiro". Ela respondeu: "Tudo o que você precisa fazer é colher uma flor e me dar, e não é necessário ter dinheiro para isso". Essa simples frase foi fundamental para mim, ela estava certa. Eu colhia narcisos e dentes-de-leão nos campos perto de casa e a presenteava.

Foi assim que tive a ideia de fazer bolos em forma de flor para a minha loja Ópera, agregando a receitas gourmet o apelo estético da decoração feita com bico de confeitar. As receitas deste livro podem ser executadas praticamente sem nenhum equipamento — além de um saco e um bico de confeitar — e sem ingredientes complicados... Elas exigem apenas paciência e uma mão habilidosa. Na verdade, meu conselho é iniciar os preparativos um dia antes, pois algumas etapas são um pouco longas e demandam um tempo de descanso, caso das ganaches, que precisam ser resfriadas por 12 horas antes de serem batidas ou trabalhadas com o bico de confeitar. Mas, de certa forma, a arte da confeitaria é isso — tempo, paciência e perseverança são provavelmente as palavras-chave.

Minha primeira flor para a Ópera foi uma flor de paris--brest, ponto de partida para muitas sobremesas. A cada criação, tento conceber bolos originais, cujos ingredientes respeitem as estações do ano. Afinal, são sempre as matérias-primas que guiam minha criatividade. Também é possível dar às tortas a aparência de uma flor. Tudo se resume à regularidade da montagem, à arte de dispor as frutas em uma roseta na base. Se os morangos forem muito grandes ou muito pequenos, ou se forem de tamanhos diferentes, o resultado não será perfeito. A arte de um bom confeiteiro é saber se adaptar às matérias-primas. O modo de dispor as frutas é crucial, pois transforma uma simples torta em um presente.

Desde minha formação, sempre adorei trabalhar com o bico de confeitar. Aprendi a usá-lo ao lado de Pascal Liotier, meu supervisor de aprendizado, com quem fiz minha qualificação complementar em confeitaria. Ele sempre foi diferente de outros mestres que tive: falava com franqueza — o que, às vezes, tornava o trabalho difícil —, mas era também alguém com muito a oferecer em termos humanos. Pascal contribuiu para que eu me tornasse o que sou hoje. Certa vez, quando eu estava em uma viagem pelo sul da França, nos encontramos e ele disse que sentia orgulho de mim. Foi um momento emocionante. Ele é uma pessoa importante na minha vida porque me ensinou sobre o lado profissional e o lado humano. Acho que todos precisamos dessas duas dimensões para avançar.

"O MODO DE DISPOR AS FRUTAS É CRUCIAL, POIS TRANSFORMA UMA SIMPLES TORTA EM UM PRESENTE."

Nunca fui tão longe na arte de confeitar quanto neste livro, brincando com os bicos, a montagem, a qualidade dos ingredientes e a precisão das receitas. Minhas equipes e eu estávamos determinados a encarar desafios. Todas as receitas foram fotografadas em molduras criadas no Atelier Louis Del Boca. A ideia me conquistou imediatamente, pois os artesãos que criam essas obras de arte e os confeiteiros têm ambos uma abordagem semelhante: entregamos o mesmo trabalho criativo. Adoro a ideia de combinar as duas profissões.

Confeitar é sem dúvida um dos fundamentos do ofício de confeiteiro. E recrutar chefs que saibam utilizar esse recurso é desafiador, porque é a mão que fala, e nenhum equipamento pode substituí-la. Você precisa deixar sua sensibilidade se expressar. Seja um chantili ou uma ganache batida, é o material que se revela. A partir do desenho de curvas regulares, tento sempre criar uma flor diferente. Agora é a sua vez.

CEDRIC GROLET

BUREAU

"SEMPRE ADOREI TRABALHAR COM O BICO DE CONFEITAR."

Fui o mestre de Cédric em sua formação complementar em confeitaria. Quais são minhas primeiras lembranças dele? Sua avidez pelo trabalho, sua motivação, sua dedicação... Ele praticava incansavelmente até que o resultado fosse perfeito — para acertar a quantidade de açúcar, por exemplo. Sempre trabalhou duro, e às vezes eu tinha que tirá-lo do laboratório, ou ele nunca parava. Isso provavelmente foi o que mais me impressionou.

Cédric aprendeu a usar o bico de confeitar com um saint--honoré em meu laboratório. Todas as manhãs, eu lhe pedia que finalizasse nosso Sous-Bois, uma de nossas principais sobremesas da época, feita com bavaroise de frutas silvestres e creme inglês com baunilha, coberta com merengue italiano. Eu costumava dizer aos meus aprendizes: "Quem consegue confeitar com um bico saint-honoré consegue confeitar qualquer coisa!". Cédric, como sempre, não desistiu. Perseverou até conseguir. Para ser bom nesse tipo de decoração, você precisa de uma mão habilidosa, e ele tinha. Desde então, suas flores, além de suas frutas *trompe l'oeil*, se tornaram sua marca registrada.

Vale a pena lembrar que, aos 18 anos, ele era esperto, cheio de alegria de viver. Sua avidez pelo aprendizado era tão insaciável que ele precisava se manter constantemente ocupado. Estava na idade em que você descobre a vida. E eu sempre gostei muito desse papel de instrutor, de educador... Que missão ensinar a um jovem o seu ofício!

Desde que abri minha confeitaria-chocolateria-sorveteria em Yssingeaux, há 27 anos, tenho dois aprendizes em minha equipe todos os anos. A transmissão de conhecimento é um valor que amo acima de tudo. É preciso dizer que a relação entre um mestre e seu aprendiz é uma alquimia. Com Cédric, ela funcionou perfeitamente. Percebi imediatamente a paixão que ele tinha por esse trabalho. Seu talento se destacou, e me sinto extremamente orgulhoso disso. Desde seu período de aprendizado ao meu lado, mantivemos contato. E eu sempre lhe disse para manter a humildade e nunca esquecer de onde havia vindo, e foi o que aconteceu.

No decorrer de sua carreira, ele encontrou seu próprio caminho, sua personalidade. Ao revolucionar os sabores em algumas de suas criações e, acima de tudo, ao ousar — algo que poucos chefs confeiteiros fazem —, se tornou internacionalmente reconhecido e foi eleito o melhor do mundo. De fato, não é raro ouvir as pessoas dizerem "Esse é do Cédric Grolet" quando veem seus doces... Poucos confeiteiros alcançam tal reconhecimento! Hoje, tenho muito orgulho de assinar o prefácio de seu terceiro livro. O aluno claramente superou o mestre.

PASCAL LIOTIER

Mestre de Cédric Grolet

SUMÁRIO

PRIMAVERA

VERÃO

OUTONO

INVERNO

ANEXOS

PRIMAVERA

BUQUÊ

Ganache de gengibre

- 1,2 kg de creme de leite fresco
- 60 g de gengibre fresco
- 240 g de vinagre de gengibre
- 270 g de chocolate branco
- 63 g de massa de gelatina (9 g de gelatina em pó e 54 g de água)

Massa sucrée

Ingredientes na p. 342.

Creme de amêndoa e rosas

- 65 g de manteiga
- 65 g de açúcar refinado
- 25 g de rosas cristalizadas
- 65 g de farinha de amêndoa
- 65 g de ovo

Gel de água de rosas

- 450 g de água de rosas
- 50 g de açúcar refinado
- 6 g de ágar-ágar
- 2 g de goma xantana

Recheio de framboesa

- 475 g de framboesa
- 70 g de suco de framboesa
- 10 g de água de rosas
- 145 g de açúcar refinado
- 50 g de glucose em pó
- 10 g de pectina NH
- 3 g de cremor tártaro
- 7,5 g de pétalas de rosa cristalizadas

Cobertura rubi

Ingredientes na p. 338.

GANACHE DE GENGIBRE

No dia anterior ao preparo, aqueça metade do creme de leite em uma panela. Acrescente o gengibre descascado e ralado e o vinagre de gengibre. Cubra e deixe em infusão fora do fogo por aproximadamente 10 minutos. Reaqueça a mistura antes de coar. Despeje sobre o chocolate picado e a massa de gelatina e, em seguida, acrescente o creme de leite restante. Misture para obter uma ganache homogênea. Deixe descansar na geladeira por cerca de 12 horas.

MASSA SUCRÉE

Prepare como indicado na p. 342.

CREME DE AMÊNDOA E ROSAS

Em uma batedeira, misture a manteiga, o açúcar, as rosas cristalizadas e a amêndoa em pó usando um batedor raquete. Aos poucos, acrescente os ovos e reserve na geladeira.

GEL DE ÁGUA DE ROSAS

Ferva a água de rosas em uma panela. Acrescente o açúcar, o ágar-ágar e a goma xantana. Bata com um mixer e deixe endurecer na geladeira. Quando o gel estiver firme, bata novamente antes de usar.

RECHEIO DE FRAMBOESA

Cozinhe as framboesas por aproximadamente 30 minutos, adicionando o suco de framboesa e a água de rosas aos poucos. Acrescente os ingredientes restantes, mexa e deixe ferver por 1 minuto. Adicione as pétalas de rosa cristalizadas. Reserve na geladeira. Usando o saco de confeitar, coloque essa geleia em forminhas esféricas flexíveis de 3,5 cm de diâmetro. Deixe firmar no freezer por cerca de 3 horas. Novamente com o saco de confeitar, espalhe um pouco de ganache em forminhas flexíveis semiesféricas de 4,5 cm de diâmetro e coloque a esfera de geleia congelada no meio. Em seguida, cubra com ganache. Coloque novamente no freezer por aproximadamente 6 horas.

COBERTURA RUBI

Prepare como indicado na p. 338.

MONTAGEM

Cubra a massa sucrée com o creme de amêndoa. Asse no forno a 170 °C por 8 minutos. Deixe esfriar por aproximadamente 15 minutos e cubra com o gel de água de rosas. Reserve na geladeira por cerca de 30 minutos.

DECORAÇÃO

Em uma batedeira, bata a ganache. Segure um pequeno suporte de metal (pino para flores) com uma das mãos e coloque nele o recheio de framboesa congelado. Com a outra mão e usando um bico saint-honoré nº 104, crie o centro de uma rosa em ganache, no formato de um zero, e depois forme semicírculos cada vez maiores ao redor. Deslize uma espátula sob a flor e coloque-a delicadamente sobre o bolo. Repita a operação, rosa por rosa, até que toda a massa esteja coberta. Sinta-se à vontade para usar flores de tamanhos diferentes, dando a impressão de um buquê natural. Com uma pistola de pulverização, aplique a cobertura rubi sobre o bolo uniformemente.

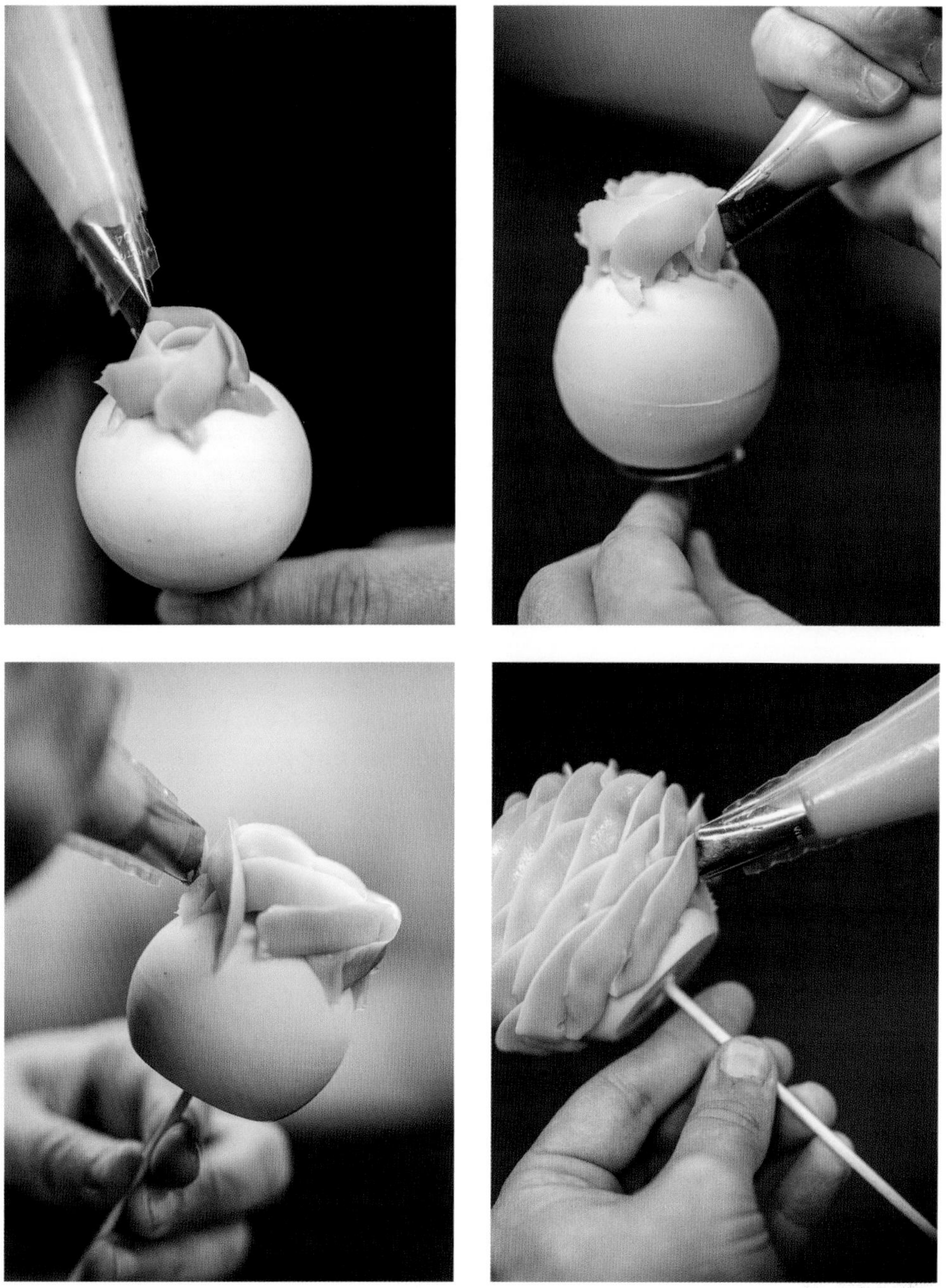

PÉTALAS DE RUIBARBO

Massa sablée de avelã

- 100 g de manteiga
- 105 g de açúcar demerara
- 45 g de ovo
- 1 g de sal
- 8 g de fermento químico em pó
- 150 g de farinha de trigo tipo 1
- 75 g de farinha de avelã

Ruibarbo confitado

- 16 talos de ruibarbo

Creme de avelã

- 65 g de manteiga
- 65 g de açúcar refinado
- 65 g de farinha de avelã
- 65 g de ovo

Gel de ruibarbo

- 225 g de suco de ruibarbo (extraído no processador)
- 25 g de açúcar refinado
- 3 g de ágar-ágar
- 1 g de goma xantana

MASSA SABLÉE DE AVELÃ

Em uma batedeira, incorpore a manteiga ao açúcar usando um batedor raquete, de modo a obter uma massa semelhante a uma areia grossa. Acrescente os ovos aos poucos, depois o sal, o fermento em pó, a farinha de trigo e a farinha de avelã. Abra a massa até obter uma espessura de 3 a 4 mm e molde-a em forminhas de barquetes (calissons) de 9 cm de comprimento. Com uma faca, retire o excesso de massa. Disponha as barquetes sobre um tapete de silicone antiaderente (ou em uma folha de papel-manteiga). Asse a 175 °C por 20 minutos.

CREME DE AVELÃ

Em uma batedeira, misture a manteiga, o açúcar e a farinha de avelã usando um batedor raquete. Acrescente os ovos aos poucos e reserve na geladeira.

GEL DE RUIBARBO

Em uma panela, ferva o suco de ruibarbo. Acrescente o açúcar, o ágar-ágar e a goma xantana. Bata com um mixer e deixe endurecer na geladeira. Quando o gel estiver firme, bata novamente antes de usar.

RUIBARBO CONFITADO

Descasque o ruibarbo e remova as pontas. Coloque os talos em um saco e feche a vácuo. Cozinhe em forno a vapor (ou em banho-maria) a 63 °C por aproximadamente 2 horas. Deixe esfriar em geladeira.

MONTAGEM DAS PÉTALAS

Corte metade dos talos de ruibarbo confitado em pedaços pequenos. Cubra as barquetes com o creme de avelã, incorporando os pedaços de ruibarbo confitado — reserve uma parte para a finalização. Asse a 170 °C por 8 minutos. Deixe esfriar por aproximadamente 15 minutos e cubra com o gel de ruibarbo. Reserve em geladeira por aproximadamente 30 minutos. Corte os talos restantes do ruibarbo confitado em seções de tamanhos diferentes para dispor harmoniosamente no formato de um calisson.

SERVE DE 6 A 8 PESSOAS

ROSA BRANCA

Ganache de baunilha

Ingredientes na p. 340.

Praliné de baunilha

150 g de amêndoa
1 fava de baunilha
100 g de açúcar refinado
70 g de água

Massa sablée spéculoos

200 g de manteiga em ponto de pomada
200 g de açúcar mascavo
60 g de açúcar refinado
2 g de sal
10 g de canela em pó
40 g de ovo
15 g de leite
400 g de farinha de trigo
10 g de fermento químico em pó

Massa de spéculoos reconstituída

500 g de massa sablée spéculoos
150 g de manteiga de cacau

Biscuit de baunilha

100 g de farinha de amêndoa
90 g de açúcar demerara
40 g de farinha de trigo tipo 1
4 g de fermento químico em pó
5 g de sal
135 g de clara de ovo
40 g de gema de ovo
25 g de creme de leite fresco
6 g de pasta de baunilha
40 g de manteiga
20 g de açúcar refinado

Caramelo cremoso

Ingredientes na p. 335.

Cobertura branca

Ingredientes na p. 338.

GANACHE DE BAUNILHA

Prepare como indicado na p. 340.

PRALINÉ DE BAUNILHA

Leve as amêndoas e a fava de baunilha ao forno a 165 °C por 15 minutos. Aqueça o açúcar e a água a 110 °C. Acrescente as amêndoas e a fava de baunilha, misture e deixe caramelizar. Deixe o caramelo esfriar, remova a fava de baunilha e bata no mixer.

MASSA SABLÉE SPÉCULOOS

Misture a manteiga com o açúcar mascavo, o açúcar refinado, o sal e a canela. Acrescente os ovos aos poucos. Despeje o leite e, em seguida, finalize com a farinha e o fermento em pó peneirados. Em uma bandeja de forno forrada com um tapete de silicone, espalhe uma camada de cerca de 4 mm de espessura. Asse a 170 °C por aproximadamente 10 minutos.

MASSA DE SPÉCULOOS RECONSTITUÍDA

Misture a massa sablée com a manteiga de cacau derretida. Estenda-a em uma camada de 3 mm de espessura e corte-a em um disco de 16 cm de diâmetro. Coloque-o em um aro de 20 cm de diâmetro sobre uma bandeja de forno forrada com um tapete de silicone. Asse a 170 °C por aproximadamente 20 minutos.

BISCUIT DE BAUNILHA

Misture a farinha de amêndoa, o açúcar demerara, a farinha, o fermento em pó e o sal com 25 g da clara de ovo, as gemas, o creme de leite e a pasta de baunilha. Acrescente a manteiga derretida. Bata o restante das claras até ficarem firmes, em neve, e incorpore o açúcar refinado. Misture as duas preparações. Usando um saco de confeitar, disponha a massa em um aro de 16 cm de diâmetro em uma bandeja de forno forrada com um tapete de silicone. Asse a 175 °C por 8 minutos, girando a assadeira na metade do tempo.

CARAMELO CREMOSO

Prepare como indicado na p. 335.

COBERTURA BRANCA

Prepare como indicado na p. 338.

MONTAGEM

Em uma batedeira, bata a ganache. Remova cuidadosamente o aro da massa reconstituída. Coloque-a em um novo aro de mesmo diâmetro, envolto em uma tira de acetato. Acrescente uma camada de praliné de baunilha e, em seguida, coloque o biscuit de baunilha por cima. Despeje o caramelo e leve ao freezer por aproximadamente 2 horas. Usando um bico de confeitar, espalhe ganache em uma fôrma de 18 cm de diâmetro. Coloque uma quantidade maior no meio para que, ao posicionar o recheio, ele possa ficar bem centralizado. Posicione o recheio na base de ganache e cubra com mais ganache. Alise com uma espátula. Deixe firmar no freezer por aproximadamente 6 horas. Desenforme com cuidado.

DECORAÇÃO

Usando um bico saint-honoré nº 104, faça pétalas de ganache: comece com o centro da rosa no meio do bolo, no formato de um zero, e depois crie semicírculos ao redor, aumentando-os cada vez mais, até que todo o bolo esteja coberto. Com uma pistola de pulverização, aplique uniformemente a cobertura branca no bolo.

CAPUCHINHA

Ganache de mel

240 g de creme de leite fresco

10 g de gengibre

100 g de gema de ovo

60 g de mel de própolis

21 g de massa de gelatina (3 g de gelatina em pó e 18 g de água)

400 g de mascarpone

Creme de amêndoa e limão-siciliano

65 g de manteiga

65 g de açúcar refinado

65 g de farinha de amêndoa

25 g de raspas de limão-siciliano

65 g de ovo

Gel de limão

3 limões-taiti

10 g de azeite de oliva

75 g de mel

30 g de glucose

15 g de sálvia

15 g de hortelã

15 g de estragão

15 g de flor de calêndula

Pasta de limão-siciliano

2 limões-sicilianos

Massa sucrée

Ingredientes na p. 342.

Cobertura laranja

Ingredientes na p. 338.

Cobertura amarela

Ingredientes na p. 338.

Decoração

Flores de capuchinha

GANACHE DE MEL

Passe o gengibre por um ralador fino e ferva junto com o creme de leite. Bata as gemas com o mel. Despeje um pouco do creme fervente sobre a mistura e, em seguida, despeje esse conteúdo novamente na panela para fazer um creme. Deixe cozinhar por 2 minutos e adicione a massa de gelatina. Coe com um chinois e acrescente o mascarpone. Deixe descansar na geladeira por aproximadamente 12 horas.

GEL DE LIMÃO

Remova as extremidades dos limões, corte-os em pedaços e bata com um mixer. Em uma panela, ferva a pasta formada junto com o azeite, o mel e a glucose, até obter uma mistura homogênea. Acrescente as ervas e as flores e bata.

MASSA SUCRÉE

Prepare como indicado na p. 342.

CREME DE AMÊNDOA E LIMÃO-SICILIANO

Em uma batedeira, misture a manteiga, o açúcar, a farinha de amêndoa e as raspas de limão usando um batedor raquete. Incorpore os ovos.

PASTA DE LIMÃO

Leve os limões inteiros e pré-lavados a uma panela com água fervente por aproximadamente 20 minutos. Bata-os no processador para formar uma pasta.

COBERTURAS LARANJA E AMARELA

Prepare a cobertura laranja e, em seguida, a amarela como indicado na p. 338.

MONTAGEM

Cubra a massa sucrée com o creme de amêndoa. Asse no forno a 170 °C por 8 minutos. Deixe esfriar por aproximadamente 15 minutos, cubra com uma camada fina de pasta de limão e, em seguida, com uma camada de gel de limão da espessura que desejar. Alise com uma espátula e, em seguida, forme uma cúpula de gel no centro. Leve ao congelador.

DECORAÇÃO

Em uma batedeira, bata a ganache. Usando um bico saint-honoré nº 125, crie as flores sobre um tapete de silicone. Para compor as pétalas, faça 3 arcos. Coloque no freezer por aproximadamente 4 horas e, em seguida, cubra ¾ das flores com a cobertura laranja e o quarto restante com a cobertura amarela. Disponha-as sobre o bolo. Para os pistilos, faça linhas de ganache usando um saco de confeitar com um bico liso de 2 mm. Decore com flores de capuchinha. Leve à geladeira por 4 horas.

SERVE DE 6 A 8 PESSOAS

BABĀ

Massa de babá

Ingredientes na p. 341.

Creme suave de rum

200 g de creme de leite fresco
20 g de açúcar refinado
1 fava de baunilha
20 g de rum Havana Club Selection de Maestro

Calda de babá

Ingredientes na p. 343.

Chantili

520 g de creme de leite fresco
2 favas de baunilha
20 g de açúcar refinado
50 g de mascarpone
14 g de massa de gelatina (2 g de gelatina em pó e 12 g de água)

Nappage de baunilha

100 g de nappage neutra
1 g de semente de baunilha

MASSA DE BABÁ

Prepare como indicado na p. 341.
Usando um saco de confeitar, forre uma fôrma de brioche de 18 cm de diâmetro com a massa. Asse a 180 °C por 15 minutos, depois a 160 °C por 15 minutos e, por fim, a 140 °C por 6 minutos.

CREME SUAVE DE RUM

Em uma panela, aqueça o creme de leite com o açúcar e a baunilha, cortada ao meio e raspada. Cubra e deixe em infusão fora do fogo por 10 minutos. Passe por uma peneira, acrescente o rum e reserve em geladeira.

CALDA DE BABÁ

Prepare como indicado na p. 343.

CHANTILI

Em uma panela, aqueça um terço do creme de leite com as favas de baunilha e o açúcar. Quando começar a ferver, despeje sobre a mistura de mascarpone e gelatina. Passe por uma peneira e bata com o mixer. Acrescente o creme de leite fresco restante aos poucos. Reserve em geladeira.

MONTAGEM

No dia anterior ao preparo, aqueça a calda a 62 °C e mergulhe completamente a babá nela. Deixe repousar por aproximadamente 12 horas. No dia seguinte, com uma colher, faça um buraco no centro da babá. Coloque um pouco do creme de rum suave.

DECORAÇÃO

Em uma batedeira, bata o restante do creme de rum suave. Também em uma batedeira, bata o chantili usando um batedor tipo globo. Usando um saco de confeitar nº 14, crie bolas de chantili sobre a babá, acentuando a bola na borda e alongando-a em direção ao centro, formando uma pétala. Finalize com uma bola de creme de rum suave para criar o centro da flor da babá.

NAPPAGE DE BAUNILHA

Em uma panela, ferva a nappage neutra com a baunilha. Coloque a mistura em uma pistola de pulverização e aplique diretamente sobre o bolo.

SERVE DE 8 A 10 PESSOAS

MARGARIDA

Ganache de coco

- 240 g de creme de leite fresco
- 50 g de coco queimado ralado
- 100 g de gema de ovo
- 50 g de açúcar refinado
- 21 g de massa de gelatina (3 g de gelatina em pó e 18 g de água)
- 650 g de purê de coco
- 400 g de mascarpone

Massa diamante

Ingredientes na p. 342.

Praliné de coco

Ingredientes na p. 342.

Crocante de coco

Ingredientes na p. 337.

Gel de coco

- 250 g de purê de coco
- 2,5 g de goma xantana

Gel de limão

- 600 g de suco de limão
- 60 g de açúcar refinado
- 12 g de ágar-ágar

Dacquoise de amêndoa e coco

- 125 g de clara de ovo
- 55 g de açúcar refinado
- 55 g de farinha de amêndoa
- 55 g de coco ralado
- 20 g de farinha de trigo
- 85 g de açúcar de confeiteiro

Cobertura branca

Ingredientes na p. 338.

Cobertura amarela

Ingredientes na p. 338.

Cobertura laranja

Ingredientes na p. 338.

GANACHE DE COCO

Ferva o creme de leite com o coco torrado. Misture as gemas com o açúcar. Despeje um pouco do creme fervente sobre essa mistura e, em seguida, volte a preparação para a panela para fazer um creme. Deixe cozinhar por 2 minutos e misture a massa de gelatina e o purê de coco. Coe com um chinois e acrescente o mascarpone. Deixe descansar na geladeira por aproximadamente 12 horas.

MASSA DIAMANTE

Prepare como indicado na p. 342.

PRALINÊ DE COCO E CROCANTE DE COCO

Prepare como indicado na p. 342 e na p. 337, respectivamente.

GEL DE COCO

Misture o purê com a xantana.

GEL DE LIMÃO

Ferva o suco de limão em uma panela. Acrescente o açúcar misturado com o ágar-ágar, bata e deixe descansar na geladeira.

DACQUOISE DE AMÊNDOA E COCO

Prepare um merengue francês: bata as claras em neve até ficarem firmes, adicionando o açúcar refinado aos poucos, em três porções. Para checar se o merengue está pronto, erga o batedor — as claras devem formar um pico. Incorpore os ingredientes secos peneirados. Usando um saco de confeitar, coloque a dacquoise em um aro de 24 cm de diâmetro. Asse no forno a 170 °C por aproximadamente 18 minutos.

COBERTURAS BRANCA, AMARELA E LARANJA

Prepare como indicado na p. 338.

MONTAGEM

Em uma batedeira, bata a ganache. Prepare o recheio: coloque a dacquoise em um aro de 24 cm de diâmetro, espalhe uma camada de gel de coco e, usando um saco de confeitar, faça pontos de praliné de coco e de gel de limão. Coloque quatro vezes mais praliné do que gel. Leve ao freezer por aproximadamente 3 horas. Espalhe a ganache em uma fôrma de 26 cm de diâmetro – coloque uma quantidade maior no meio para que, ao posicionar a dacquoise, ela possa ficar bem centralizada. Posicione-a na base de ganache e cubra com mais ganache. Use uma espátula para uniformizar. Deixe firmar no freezer por aproximadamente 6 horas. Desenforme com cuidado. Na base de massa diamante, espalhe uma camada de crocante de coco e, em seguida, uma camada bem fina de gel de limão. Coloque a preparação congelada por cima.

DECORAÇÃO

Etapa 1

Em um tapete de silicone ou em um pequeno suporte de metal (pino para flores), faça margaridas de ganache usando um saco de confeitar com um bico saint-honoré nº 104. Comece fazendo uma pequena linha reta que, aos poucos, forma um pequeno arco, da largura de um dedo indicador, voltando ao ponto inicial. Repita a operação, pétala por pétala, para formar uma margarida. Monte cerca de 20 margaridas para cobrir todo o bolo. Deixe endurecerem no freezer por aproximadamente 4 horas. Borrife a cobertura branca nas pétalas usando uma pistola de pulverização para cobri-las uniformemente.

Etapa 2

Para fazer o centro das margaridas, coloque o restante do gel de limão em fôrmas flexíveis de 3 cm de diâmetro no formato de disco. Deixe endurecerem no freezer por aproximadamente 3 horas. Usando uma pistola de pulverização, cubra os centros uniformemente com cobertura amarela; em seguida, pulverize levemente com cobertura laranja. Posicione os centros nas margaridas e, em seguida, disponha as flores sobre o bolo. Leve à geladeira por aproximadamente 4 horas antes de servir.

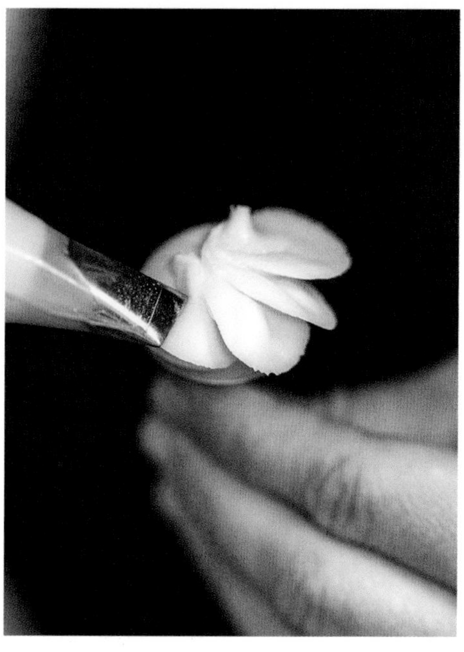

LIMÃO-SICILIANO E BAUNILHA

Ganache de baunilha

235 g de creme de leite fresco
1 fava de baunilha
50 g de chocolate branco
14 g de massa de gelatina (2 g de gelatina em pó e 12 g de água)

Massa sucrée

Ingredientes na p. 342.

Creme de amêndoa e baunilha

Ingredientes na p. 336.

Geleia de limão-siciliano

1 fava de baunilha
115 g de limão-siciliano
115 g de suco de limão-siciliano
25 g de mel

Crémeux de limão-siciliano

70 g de suco de limão-siciliano
80 g de ovo
7 g de mel
7 g de massa de gelatina (1 g de gelatina e 6 g de água)
85 g de manteiga

Cobertura amarela

Ingredientes na p. 338.

Brilho dourado

220 g de kirsch
120 g de pó de ouro comestível

Montagem

10 gomos de limão-siciliano

GANACHE DE BAUNILHA

No dia anterior ao preparo, aqueça metade do creme de leite em uma panela. Acrescente a baunilha abrindo-a ao meio e raspando-a. Cubra e deixe em infusão fora do fogo por aproximadamente 10 minutos. Aqueça a mistura novamente e coe com um chinois. Despeje o creme restante sobre o chocolate picado e a massa de gelatina. Bata com o mixer para obter uma ganache homogênea. Deixe descansar em geladeira por aproximadamente 12 horas.

MASSA SUCRÉE

Prepare como indicado na p. 342.

CREME DE AMÊNDOA E BAUNILHA

Prepare como indicado na p. 336.

GELEIA DE LIMÃO-SICILIANO

Remova as sementes da baunilha. Retire as extremidades dos limões lavados, corte-os em pedaços e misture-os com as sementes. Leve todos os ingredientes para ferver em uma panela.

CRÉMEUX DE LIMÃO-SICILIANO

Leve o suco de limão para ferver em uma panela. Acrescente os ovos e o mel. Aqueça até 105 °C, mexendo sempre. Retire do fogo e acrescente a gelatina e a manteiga.

COBERTURA AMARELA

Prepare como indicado na p. 338.

BRILHO DOURADO

Misture o kirsch com o pó de ouro.

MONTAGEM

Recheie a massa sucrée com o creme de amêndoa. Asse no forno a 170 °C por 8 minutos. Deixe esfriar por aproximadamente 15 minutos e cubra com a geleia de limão até a metade da altura. Coloque alguns gomos de limão, cortados em pedaços, por cima, pressionando levemente. Cubra com o crémeux de limão. Use uma espátula para uniformizar.

DECORAÇÃO

Em uma batedeira, bata a ganache. Usando um suporte de metal e um bico saint-honoré nº 20, aplique a ganache no formato de uma chama: para fazer isso, comece do lado de fora do bolo e vá em direção ao centro. Forme um anel inicial de chamas e continue em um padrão escalonado. Usando uma pistola de pulverização, cubra o bolo uniformemente com a cobertura amarela. Repita a operação com o brilho dourado. Leve à geladeira por aproximadamente 4 horas antes de servir.

SERVE DE 6 A 8 PESSOAS

LIMÃO-TAITI

Massa sucrée

Ingredientes na p. 342.

Creme de amêndoa e limão

65 g de manteiga
65 g de açúcar refinado
65 g de farinha de amêndoa
25 g de raspas de limão-taiti
65 g de ovo

Gel de limão

3 limões-taiti
10 g de azeite de oliva
75 g de mel
30 g de glucose
15 g de sálvia
15 g de hortelã
15 g de estragão
15 g de flor de calêndula

Crémeux de limão

70 g de suco de limão-taiti
80 g de ovo
7 g de mel
7 g de massa de gelatina (1 g de gelatina em pó e 6 g de água)
85 g de manteiga

Merengue

Ingredientes na p. 341.

Decoração

Açúcar gelado (opcional)

MASSA SUCRÉE

Prepare como indicado na p. 342.

CREME DE AMÊNDOA E LIMÃO

Em uma batedeira, misture a manteiga, o açúcar, a farinha de amêndoa e as raspas de limão usando um batedor raquete. Aos poucos, acrescente os ovos e depois reserve na geladeira.

GEL DE LIMÃO

Remova as extremidades dos limões pré-lavados, corte-os em pedaços e bata com o mixer. Em uma panela, ferva essa pasta de limão com o azeite de oliva, o mel e a glucose até obter uma mistura homogênea. Acrescente as ervas e bata novamente no mixer.

CRÉMEUX DE LIMÃO

Leve o suco de limão para ferver em uma panela. Acrescente os ovos e o mel. Aqueça até 105 °C, mexendo sempre. Retire do fogo e acrescente a gelatina e a manteiga.

MERENGUE

Prepare como indicado na p. 341.

MONTAGEM

Cubra a massa sucrée com o creme de amêndoa e asse a 170 °C por 8 minutos. Deixe esfriar por aproximadamente 15 minutos e depois cubra com o crémeux de limão. Uniformize com uma espátula. Leve ao freezer até congelar.

DECORAÇÃO

Usando um saco de confeitar com um bico simples nº 14, crie bolinhas de merengue formando uma coroa. Faça um ligeiro movimento para cima e, em seguida, para baixo. Molde a próxima bola ao lado da primeira e continue dessa forma por toda a superfície da torta. Repita a operação duas ou três vezes para formar coroas de diâmetros cada vez menores. Ao começar uma nova coroa, sempre intercale com a anterior. Polvilhe levemente com açúcar gelado. Asse a 165 °C por 16 minutos. Retire do forno e deixe esfriar. Para finalizar, coloque gel de limão no centro.

VIOLETA

Ganache de cassis e violeta

- 140 g de creme de leite fresco
- 60 g de gema de ovo
- 30 g de açúcar refinado
- 14 g de massa de gelatina (2 g de gelatina em pó e 12 g de água)
- 230 g de purê de cassis
- 230 g de mascarpone
- Aroma natural de violeta

Gel de cassis

- 500 g de suco de cassis
- 50 g de açúcar refinado
- 8 g de ágar-ágar
- 3 g de goma xantana
- 500 g de cassis

Cobertura branca

Ingredientes na p. 338.

Cobertura violeta

- 100 g de manteiga de cacau
- 100 g de chocolate branco
- 1 g de corante violeta em pó

Nappage de cassis

- 250 g de nappage neutra
- 40 g de purê de cassis
- 10 g de azeite de oliva

Finalização

- 150 g de cassis

GANACHE DE CASSIS E VIOLETA

Leve o creme de leite para ferver em uma panela. Bata as gemas com o açúcar. Despeje um pouco do creme fervente sobre a mistura e, em seguida, volte a preparação para a panela. Deixe cozinhar por 2 minutos e, em seguida, bata com o mixer, acrescentando a massa de gelatina e o purê de cassis. Coe e acrescente o mascarpone e algumas gotas de aroma de violeta. Deixe descansar na geladeira por aproximadamente 12 horas.

GEL DE CASSIS

Ferva o suco de cassis em uma panela. Após a fervura, acrescente os ingredientes secos. Misture e deixe descansar em um local fresco. Bata novamente, reservando uma pequena quantidade do gel para usar depois, e acrescente os cassis cortados ao meio ao gel restante. Despeje em fôrmas flexíveis de 8 cm de comprimento no formato de barquetes (calissons). Coloque-as no freezer.

COBERTURA BRANCA

Prepare como indicado na p. 338.
Mergulhe as barquetes congeladas na cobertura a 35 °C e deixe o excesso escorrer.

COBERTURA VIOLETA

Derreta a manteiga de cacau e despeje sobre o chocolate picado. Bata com o mixer junto com o corante até obter uma mistura homogênea.

NAPPAGE DE CASSIS

Leve todos os ingredientes para ferver em uma panela e misture bem.

DECORAÇÃO

Despeje o gel reservado sobre as barquetes. Usando um saco de confeitar com um bico liso de 12 mm, faça pétalas irregulares de ganache ao redor da barquete revestida, trabalhando de cima para baixo. A ideia é moldar o gel e dar volume à extremidade da barquete. Com uma pistola de pulverização, aplique uniformemente a cobertura violeta sobre as barquetes. Disponha os cassis por cima. Coloque as barquetes na geladeira por aproximadamente 4 horas antes de servir.

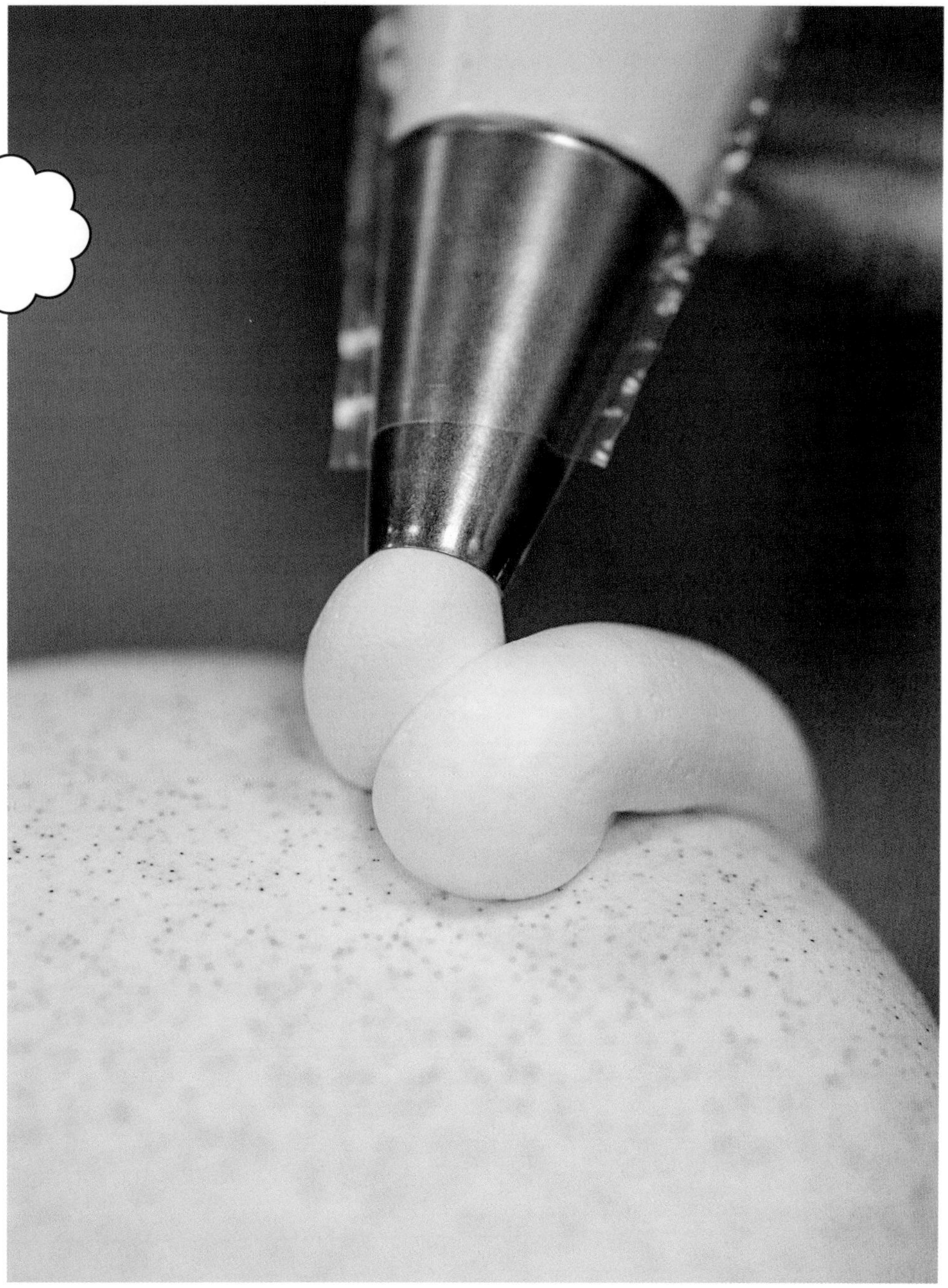

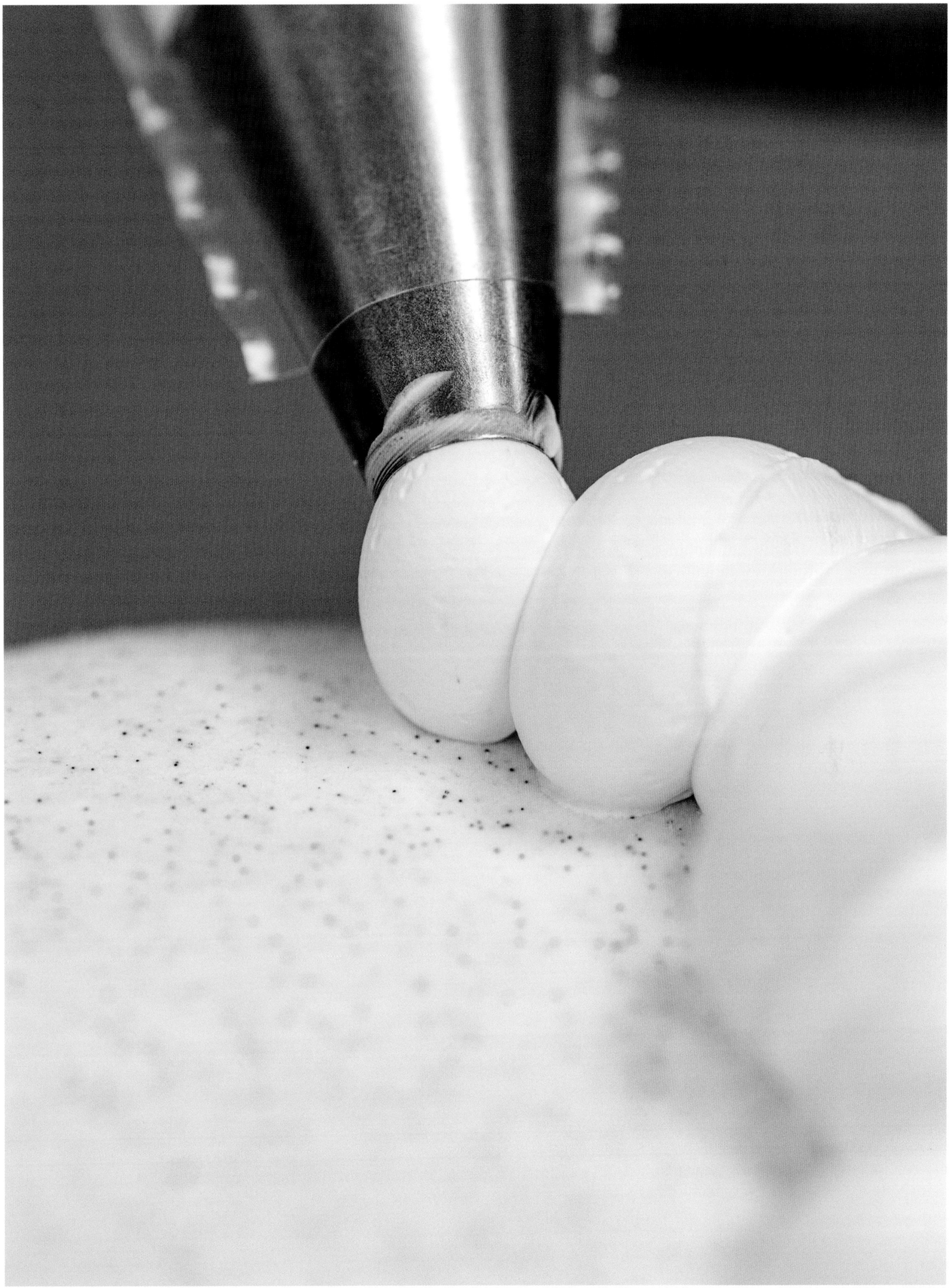

SERVE DE 6 A 8 PESSOAS

MEL

Ganache de mel

- 240 g de creme de leite fresco
- 100 g de gema de ovo
- 60 g de mel
- 21 g de massa de gelatina (3 g de gelatina em pó e 18 g de água)
- 400 g de mascarpone

Praliné de amêndoa e mel

Ingredientes na p. 342.

Crocante de amêndoa e mel

Ingredientes na p. 336.

Dacquoise de amêndoa e mel

- 180 g de clara de ovo
- 75 g de mel silvestre
- 160 g de farinha de amêndoa
- 160 g de açúcar de confeiteiro

Gel de mel e limão-siciliano

- 500 g de suco de limão-siciliano
- 50 g de açúcar refinado
- 8 g de ágar-ágar
- 2 g de goma xantana
- 15 g de mel de lavanda
- 70 g de limão-siciliano em gomos

Gel de pólen

- 500 g de suco de limão-siciliano
- 50 g de açúcar refinado
- 5 g de ágar-ágar
- 25 g de pólen

Cobertura amarela

Ingredientes na p. 338.

Cobertura laranja

Ingredientes na p. 338.

Decoração

- 25 g de pólen

GANACHE DE MEL

Leve o creme de leite para ferver em uma panela. Ao mesmo tempo, bata as gemas com o mel. Despeje um pouco do creme fervente sobre a mistura e, em seguida, volte a preparação para a panela para fazer um creme inglês. Deixe cozinhar por 2 minutos antes de bater enquanto acrescenta a massa de gelatina. Coe com um chinois e adicione o mascarpone. Deixe descansar em geladeira por aproximadamente 12 horas.

PRALINÊ DE AMÊNDOA E MEL

Prepare como indicado na p. 343.

CROCANTE DE AMÊNDOA E MEL

Prepare como indicado na p. 336.

DACQUOISE DE AMÊNDOA E MEL

Usando uma batedeira, bata as claras em neve. Leve o mel para ferver em uma panela. Despeje-o sobre as claras em neve bem batidas e mexa sem deixar a mistura murchar. Peneire os ingredientes secos e acrescente-os. Coloque a dacquoise em um aro de 16 cm de diâmetro, formando uma camada fina de cerca de 1 cm de espessura. Asse a 170 °C por 16 minutos.

GEL DE MEL E LIMÃO-SICILIANO

Em uma panela, ferva o suco de limão-siciliano e, em seguida, acrescente o açúcar e o ágar-ágar previamente misturados. Quando o gel estiver frio, bata bem no processador, acrescente a xantana e, em seguida, o mel. Misture o gel com os gomos de limão cortados em pequenos pedaços irregulares.

GEL DE PÓLEN

Ferva o suco de limão em uma panela. Acrescente o açúcar e o ágar-ágar previamente misturados. Misture. Quando o gel estiver frio, passe-o no processador e acrescente o pólen.

COBERTURAS AMARELA E LARANJA

Prepare como indicado na p. 338.

MONTAGEM

Em uma batedeira, bata a ganache. Prepare o recheio: remova cuidadosamente o aro da dacquoise, envolva-o com uma tira de acetato e disponha nele uma camada uniforme de crocante de cerca de 2 mm de espessura. Coloque o disco de dacquoise por cima. Cubra toda a superfície com pontos de gel de mel e limão e gel de pólen. A altura total não deve exceder 2,5 cm. Leve ao freezer por aproximadamente 6 horas. Com um saco de confeitar, espalhe ganache em uma fôrma de 18 cm de diâmetro. Coloque uma quantidade maior no meio para que, ao posicionar o recheio, ele possa ficar bem centralizado. Posicione o recheio e, em seguida, cubra com ganache. Uniformize com uma espátula. Deixe firmar no freezer por aproximadamente 6 horas. Desenforme com cuidado.

DECORAÇÃO

Usando um bico saint-honoré nº 104, crie pétalas de ganache sobre uma folha de papel-manteiga. Para as pétalas grandes, trace uma linha reta que, aos poucos, forma um pequeno arco, da largura de um dedo indicador, voltando ao ponto inicial. As pétalas devem se tocar para formar uma flor, deixando no centro o espaço de um círculo de 4 cm de diâmetro. Com uma pistola de pulverização, borrife uniformemente as pétalas com a cobertura amarela e depois suas extremidades com a cobertura laranja, para obter um efeito mais sutil. Disponha as pétalas sobre o bolo. Preencha o círculo central com pólen fresco, formando o centro da flor. Leve à geladeira por aproximadamente 4 horas antes de servir.

SERVE DE 6 A 8 PESSOAS

CAMÉLIA

Ganache de chá

780 g de creme de leite fresco
50 g de chá branco
175 g de chocolate branco
42 g de massa de gelatina (7 g de gelatina em pó e 35 g de água)

Crocante de amêndoa e cardamomo verde

500 g de amêndoa crua
40 g de água
130 g de açúcar refinado
50 g de manteiga de cacau
100 g de feuilletine
25 g de cardamomo verde
2 g de flor de sal

Dacquoise de amêndoa e limão-siciliano

3 limões-sicilianos
80 g de clara de ovo
35 g de açúcar refinado
70 g de farinha de amêndoa
15 g de farinha de trigo
55 g de açúcar de confeiteiro

Gel de camélia

275 g de suco de limão-siciliano
15 g de chá branco
20 g de açúcar refinado
3 g de ágar-ágar
1 g de goma xantana
100 g de aloe vera em sachê

Cobertura branca

Ingredientes na p. 338.

Decoração

Açúcar gelado

GANACHE DE CHÁ

No dia anterior ao preparo, aqueça metade do creme de leite em uma panela. Acrescente o chá. Cubra e deixe em infusão fora do fogo por aproximadamente 10 minutos. Aqueça novamente antes de passar por um chinois. Despeje a mistura sobre o chocolate picado e a massa de gelatina e, em seguida, acrescente o creme de leite restante. Bata com um mixer para obter uma ganache homogênea. Deixe descansar em geladeira por aproximadamente 12 horas.

CROCANTE DE AMÊNDOA E CARDAMOMO VERDE

Seque as amêndoas no forno a 100 °C por 1 hora. Aqueça a água e o açúcar a 110 °C. Acrescente as amêndoas secas e bata. Deixe esfriar e, em seguida, misture as amêndoas com a manteiga de cacau derretida, o feuilletine, as sementes de cardamomo e a flor de sal.

DACQUOISE DE AMÊNDOA E LIMÃO-SICILIANO

Faça raspas do limão usando um ralador pequeno. Bata as claras em neve até ficarem firmes, adicionando o açúcar refinado aos poucos, em três porções, para fazer um merengue. Para checar se o merengue está pronto, erga o batedor – as claras devem formar um pico. Acrescente os ingredientes secos peneirados e as raspas. Usando um saco de confeitar, disponha a dacquoise em um aro de 16 cm de diâmetro. Asse no forno a 170 °C por 16 minutos.

GEL DE CAMÉLIA

Leve o suco de limão para ferver em uma panela. Acrescente o chá e ferva por 5 minutos. Adicione os ingredientes secos. Bata com um mixer e leve à geladeira. Depois que o gel endurecer, bata-o novamente. Misture essa preparação com a aloe vera cortada em cubos.

COBERTURA BRANCA

Prepare como indicado na p. 338.

MONTAGEM

Em uma batedeira, bata a ganache. Coloque o biscuit em um aro de 16 cm de diâmetro, envolto por uma tira de acetato, e espalhe uma camada do crocante. Cubra com um disco de dacquoise de mesmo diâmetro. Despeje uma camada de gel por cima. Leve esse recheio ao freezer por aproximadamente 6 horas. Com um saco de confeitar, espalhe ganache em uma fôrma de 18 cm de diâmetro. Coloque uma quantidade maior no meio da fôrma para que, ao posicionar o recheio, ele possa ficar bem centralizado. Posicione o recheio sobre a base de ganache e depois cubra com mais ganache. Alise com uma espátula. Deixe firmar no freezer por aproximadamente 6 horas. Desenforme com cuidado.

DECORAÇÃO

Usando um saco de confeitar com um bico saint-honoré nº 125, faça pétalas de ganache: para isso, comece pela parte inferior do bolo e realize o movimento para cima. Mantenha o bico na horizontal e forme pétalas grandes. Pulverize o bolo uniformemente com a cobertura branca. Polvilhe uma camada fina de açúcar gelado passando por uma peneira fina. Deixe na geladeira por aproximadamente 4 horas antes de servir.

TORANJA

Ganache de sanshô

- 530 g de creme de leite fresco
- 120 g de leite
- 3 g de sanshô em grãos
- 145 g de chocolate branco
- 25 g de massa de gelatina (3,5 g de gelatina em pó e 21,5 g de água)

Biscuit joconde

Ingredientes na p. 335.

Recheio de geleia de toranja e sanshô

- 150 g de suco de limão-siciliano
- 15 g de açúcar refinado
- 2,5 g de ágar-ágar
- 1 g de goma xantana
- 75 g de toranja confitada
- 25 g de raspas de toranja
- 75 g de toranja fresca
- 1 g de sanshô em pó
- 1 g de sanshô em grãos

Gel de limão-siciliano

- 100 g de suco de limão-siciliano
- 10 g de açúcar refinado
- 2 g de ágar-ágar

Gel rosa

- 100 g de gel de limão-siciliano
- 50 g de pétalas de rosa secas

Cobertura amarela

Ingredientes na p. 338.

Cobertura rosa

Ingredientes na p. 338.

Decoração

- 1 toranja

GANACHE DE SANSHÔ

No dia anterior ao preparo, aqueça metade do creme de leite e o leite com os grãos de sanshô em uma panela. Despeje sobre o chocolate picado e a massa de gelatina e, em seguida, acrescente o creme de leite restante. Bata com o mixer até obter uma ganache homogênea e coe com um chinois. Deixe descansar em geladeira por aproximadamente 12 horas.

BISCUIT JOCONDE

Prepare como indicado na p. 335.

RECHEIO DE GELEIA DE TORANJA E SANSHÔ

Em uma panela, ferva o suco de limão-siciliano e depois acrescente o açúcar e o ágar-ágar previamente misturados. Quando a mistura estiver fria, passe-a pelo processador, amolecendo bem o gel, e acrescente a xantana. Acrescente as raspas de toranja, a toranja fresca e a confitada e a pimenta sanshô em pó e em grãos. Despeje em uma fôrma de 16 cm de diâmetro e 1 cm de altura. Deixe no freezer por 4 horas.

GEL DE LIMÃO-SICILIANO

Ferva o suco em uma panela e depois acrescente o açúcar e o ágar-ágar previamente misturados. Bata com o mixer e deixe firmar na geladeira.

GEL ROSA

Misture o gel de limão com as pétalas.

COBERTURA AMARELA

Prepare como indicado na p. 338.

COBERTURA ROSA

Prepare como indicado na p. 338.

MONTAGEM

Em uma batedeira, bata a ganache. Coloque o biscuit em um aro de 16 cm de diâmetro envolto por uma tira de acetato. Acrescente uma camada fina de ganache. Coloque o recheio de toranja e limão congelado por cima. Cubra com uma camada de gel e alise com uma espátula. Leve ao freezer por aproximadamente 6 horas. Usando um saco de confeitar, espalhe a ganache em uma fôrma de 18 cm de diâmetro. Coloque uma quantidade maior no meio da fôrma para que depois o recheio possa ficar bem centralizado. Coloque o recheio sobre a base de ganache, depois cubra com mais ganache e alise com uma espátula. Deixe firmar no freezer por aproximadamente 6 horas e desenforme com cuidado.

DECORAÇÃO

Etapa 1

Na parte mais externa do bolo e usando um saco de confeitar com um bico saint-honoré nº 125, crie pétalas de rosa de ganache, formando arcos de círculos.

Etapa 2

Entre o centro e a borda do bolo, crie fitas de ganache com um bico saint-honoré nº 104 sem nenhuma direção específica, como se deixasse a ganache ter vida própria.

Etapa 3

Logo após a camada de fitas, mais para o meio do bolo, mas ainda deixando um espaço vazio no centro, use um bico nº 4 simples para fazer pistilos de ganache.

Usando uma pistola de pulverização, aplique uniformemente a cobertura amarela na parte de cima do bolo. Depois, aplique a cobertura rosa na parte inferior. Descasque a toranja e corte-a em quatro. Coloque no micro-ondas por 15 a 30 segundos. Corte a membrana branca da parte superior dos quartos e abra-os para remover a polpa. Disponha-a no centro do bolo.

LILÁS

Biscuit de massa choux

- 10 g de leite
- 25 g de manteiga
- 35 g de farinha de trigo 00
- 45 g de ovo
- 40 g de gema de ovo
- 80 g de clara de ovo
- 55 g de açúcar de confeiteiro
- 20 mirtilos

Ganache cremosa

- 200 g de creme de leite fresco
- 85 g de gema de ovo
- 40 g de açúcar refinado
- 17 g de massa de gelatina (2,5 g de gelatina em pó e 14,5 g de água)
- 330 g de nata
- 35 g de suco de limão-siciliano
- 330 g de mascarpone

Gel de mirtilo e lilás

- 400 g de suco de mirtilo
- 15 g de flor de lilás
- 40 g de açúcar refinado
- 6 g de ágar-ágar
- 2 g de goma xantana

Cobertura branca

Ingredientes na p. 338.

Montagem

- 20 mirtilos

BISCUIT DE MASSA CHOUX

Ferva o leite e a manteiga em uma panela por 1 a 2 minutos. Acrescente a farinha e mexa em fogo baixo até formar uma massa que se solte facilmente das laterais da panela. Em uma batedeira, usando um batedor raquete, bata a massa para remover o vapor e, em seguida, acrescente os ovos e as gemas aos poucos, em três porções. Bata as claras em neve até ficarem firmes, adicionando o açúcar também em três porções. Para checar se o merengue está pronto, erga o batedor — as claras devem formar um pico. Incorpore o merengue na massa choux em três porções, até a massa ficar lisa e homogênea. Usando um saco de confeitar, coloque a massa em um aro de 20 cm de diâmetro. Acrescente os mirtilos e asse a 165 °C por 20 a 25 minutos, abrindo o forno na metade do tempo para evitar a condensação. Deixe esfriar.

GANACHE CREMOSA

Leve o creme de leite para ferver em uma panela. À parte, misture a gema com o açúcar. Despeje um pouco do creme fervente sobre essa mistura e, em seguida, volte a preparação para a panela para fazer um creme inglês. Deixe cozinhar por 2 minutos e, em seguida, bata com um mixer, juntando a massa de gelatina e o creme de leite previamente misturado com o suco de limão. Coe com um chinois e acrescente o mascarpone. Deixe descansar em geladeira por aproximadamente 12 horas.

GEL DE MIRTILO E LILÁS

Em uma panela, ferva o suco de mirtilo e o lilás e, em seguida, acrescente os ingredientes secos. Misture e deixe descansar na geladeira.

COBERTURA BRANCA

Prepare como indicado na p. 338.

MONTAGEM

Em uma batedeira, bata a ganache. Remova cuidadosamente o aro do biscuit. Coloque a massa em um novo aro de mesmo diâmetro, envolto por uma tira de acetato — deixe que 1 a 2 cm da tira passem do aro. Espalhe uma camada de gel sobre o disco de biscuit e, em seguida, disponha nele os mirtilos inteiros. Cubra com gel até o nível dos mirtilos, para criar uma camada o mais lisa possível. Leve ao freezer por aproximadamente 1 hora. Espalhe ganache em uma fôrma de 18 cm de diâmetro. Coloque uma quantidade maior no meio para que depois o recheio possa ficar bem centralizado. Posicione o recheio no topo e cubra com a ganache. Alise com uma espátula. Deixe firmar no freezer por aproximadamente 1 hora.

DECORAÇÃO

Usando um saco de confeitar com um bico saint-honoré nº 125, coloque a ganache de uma só vez, com o bolo em um disco em movimento. Mantenha o bico em um ângulo de 60° em sua mão e, em seguida, comece a cobrir com ganache a partir da base, usando o pulso para fazer pequenas ondas. Vá subindo gradualmente até o topo do bolo. Usando uma pistola de pulverização, aplique uniformemente a cobertura branca no bolo.

TROPÉZIENNE

Massa de brioche

250 g de farinha de trigo
6 g de sal
30 g de açúcar refinado
10 g de fermento biológico
112 g de ovo
38 g de leite
25 g de manteiga
Açúcar perolado

Calda para umedecer

¼ de laranja
¼ de limão-siciliano
¼ de limão-taiti
¼ de toranja
250 g de água
250 g de açúcar refinado
125 g de água de flor de laranjeira

Creme de confeiteiro de baunilha

120 g de leite
20 g de creme de leite fresco
1 fava de baunilha
40 g de ovo
35 g de açúcar refinado
10 g de amido de milho
15 g de manteiga
30 g de mascarpone

Ganache de baunilha

312 g de creme de leite fresco
1 fava de baunilha
70 g de chocolate branco
18 g de massa de gelatina (2,5 g de gelatina em pó e 15,5 g de água)

Creme diplomata

Ingredientes na p. 336.

MASSA DE BRIOCHE

Em uma batedeira, usando o gancho, misture na primeira velocidade, por 35 minutos, todos os ingredientes, exceto a manteiga e o açúcar perolado. Acrescente a manteiga e misture na segunda velocidade por 8 minutos. Deixe descansar em geladeira por 10 horas. Coloque a massa em uma fôrma de 18 cm de diâmetro em formato de flor. Deixe crescer a 24-25 °C por 2h30. Pressione a massa levemente com os dedos. Polvilhe com o açúcar perolado. Asse a 170 °C por 12 a 13 minutos.

CALDA PARA UMEDECER

Faça raspas das frutas cítricas. Aqueça todos os ingredientes em uma panela. Coe com um chinois e depois pincele sobre o brioche.

CREME DE CONFEITEIRO DE BAUNILHA

Prepare como indicado na p. 336.

GANACHE DE BAUNILHA

No dia anterior ao preparo, aqueça o creme de leite em uma panela, acrescente a baunilha, cortada ao meio e raspada, cubra e deixe em infusão fora do fogo por aproximadamente 10 minutos. Despeje sobre o chocolate picado e a massa de gelatina. Misture até obter uma ganache homogênea e, em seguida, coe com um chinois. Deixe descansar na geladeira por aproximadamente 12 horas.

CREME DIPLOMATA

Prepare como indicado na p. 336.

MONTAGEM

Desenforme o brioche com cuidado e corte-o ao meio paralelamente à base. Usando um saco de confeitar com um bico simples nº 20, disponha pequenas bolas de creme diplomata por toda a metade de baixo do brioche. Cubra com a metade superior.

SERVE DE 6 A 8 PESSOAS

SAKURA

Ganache de flor de cerejeira

- 1 kg de creme de leite fresco
- 100 g de gema de ovo
- 50 g de açúcar refinado
- 21 g de massa de gelatina (3 g de gelatina em pó e 18 g de água)
- 150 g de pasta de flor de cerejeira
- 400 g de mascarpone

Biscuit joconde

- 140 g de ovo
- 105 g de açúcar de confeiteiro
- 105 g de farinha de amêndoa
- 50 g de chá de flor de cerejeira (em pó)
- 30 g de farinha de trigo tipo 1
- 20 g de manteiga
- 90 g de clara de ovo
- 15 g de açúcar refinado
- 25 g de raspas de toranja

Gel de chá e yuzu

- 500 g de suco de limão-siciliano
- 30 g de hojicha
- 50 g de açúcar refinado
- 8 g de ágar-ágar
- 3 g de goma xantana
- 150 g de yuzu confitado

Cobertura rosa

Ingredientes na p. 338.

Cobertura branca

Ingredientes na p. 338.

Decoração

Açúcar gelado

GANACHE DE FLOR DE CEREJEIRA

Leve o creme de leite para ferver em uma panela. À parte, bata as gemas com o açúcar. Despeje um pouco do creme fervente sobre a mistura e, em seguida, volte a preparação para a panela para fazer um creme inglês. Deixe cozinhar por 2 minutos e depois acrescente a massa de gelatina e a pasta de flor de cerejeira. Coe com um chinois, acrescente o mascarpone e deixe descansar em geladeira por aproximadamente 12 horas.

BISCUIT JOCONDE

Em uma batedeira, bata os ovos com o açúcar de confeiteiro, a farinha de amêndoa e o chá de flor de cerejeira usando um batedor tipo globo. Acrescente a farinha e a manteiga derretida. À parte, bata as claras em neve com o açúcar refinado e, em seguida, acrescente as raspas de toranja. Misture as duas preparações. Espalhe em uma bandeja de forno forrada com um tapete de silicone e leve ao forno a 180 °C por 10 minutos. Deixe esfriar. Usando um cortador de biscoitos, corte um disco de 16 cm de diâmetro.

GEL DE CHÁ E YUZU

Leve o suco de limão para ferver em uma panela. Acrescente o hojicha e ferva por 5 minutos. Acrescente os ingredientes secos, bata com o mixer e deixe firmar em geladeira. Quando o gel estiver firme, bata novamente. Misture com o yuzu confitado.

COBERTURAS ROSA E BRANCA

Prepare como indicado na p. 338.

MONTAGEM

Em uma batedeira, bata a ganache. Coloque o biscuit em um aro de 16 cm de diâmetro, envolto por uma tira de acetato. Espalhe uma camada de gel sobre o disco de biscuit para deixá-lo o mais uniforme possível. Leve ao freezer por aproximadamente 6 horas. Com a ajuda do saco de confeitar, espalhe ganache em uma fôrma de 18 cm de diâmetro. Coloque uma quantidade maior no meio para que depois o recheio possa ficar bem centralizado. Posicione o recheio na ganache, depois cubra com mais ganache e alise com uma espátula. Deixe endurecer no freezer por aproximadamente 6 horas.

DECORAÇÃO

Usando um saco de confeitar com um bico saint-honoré nº 104, faça flores de ganache: crie uma bolinha de ganache, coloque-a no freezer, deixe endurecer e, em seguida, fure-a com um palito de dente. Então, crie 5 pétalas pequenas na bolinha e termine com fios no centro, formando os pistilos da flor. Deixe firmar no freezer. Pulverize as flores com cobertura branca e, em seguida, a ponta das pétalas com um véu de cobertura rosa. Disponha as flores harmoniosamente sobre o bolo e, em seguida, polvilhe com uma fina camada de açúcar gelado.

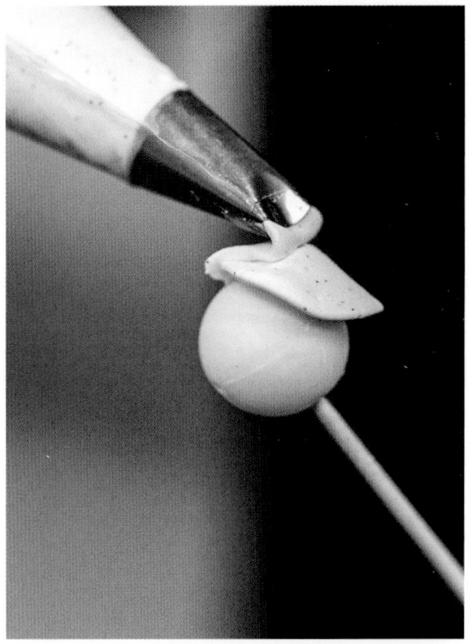

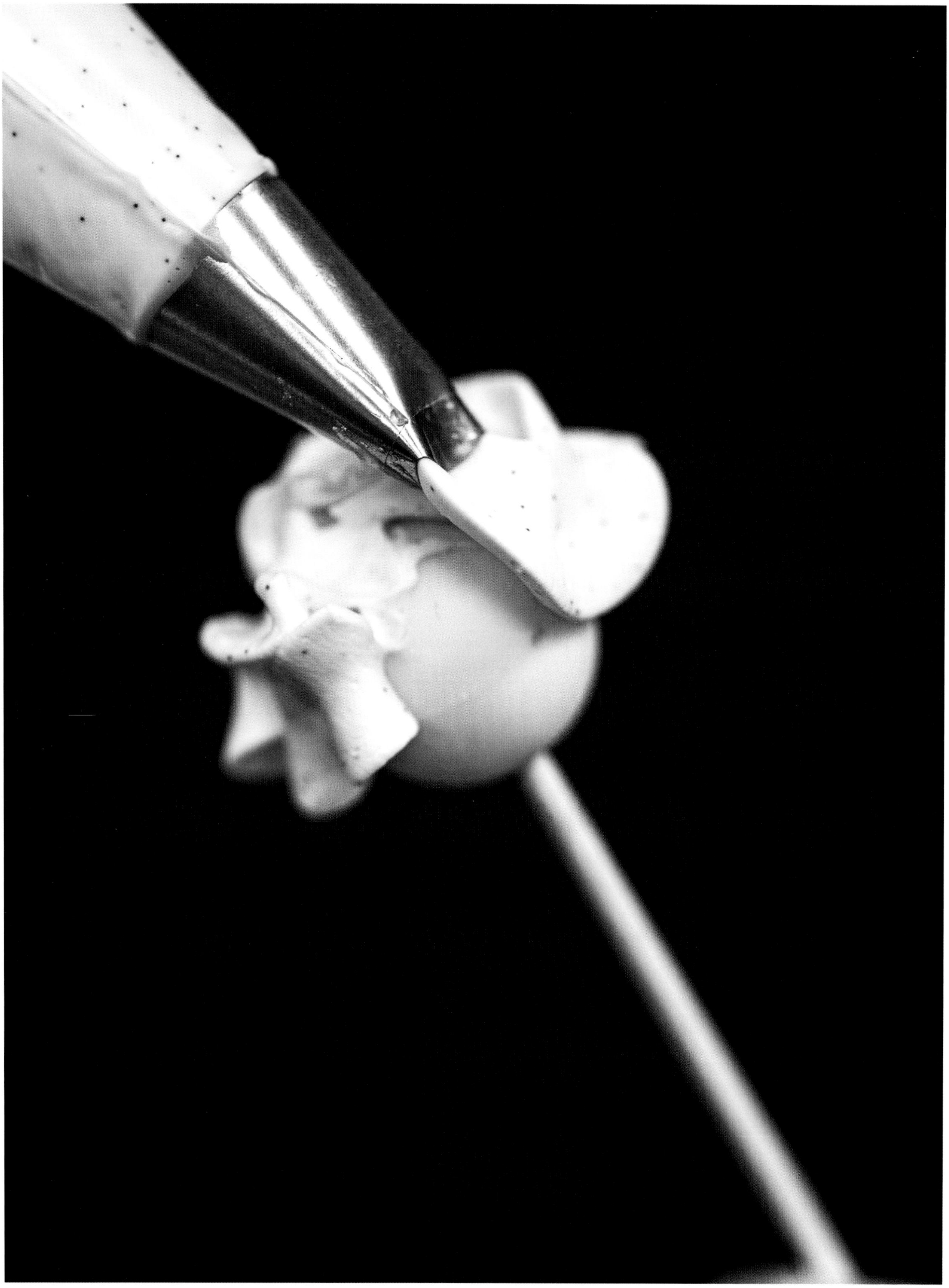

SERVE DE 6 A 8 PESSOAS

PAPOULA

Ganache de crème fraîche

- 200 g de creme de leite fresco
- 85 g de gema de ovo
- 40 g de açúcar refinado
- 17 g de massa de gelatina (2,5 g de gelatina em pó e 14,5 g de água)
- 330 g de mascarpone
- 150 g de crème fraîche
- 1 g de carvão vegetal em pó

Biscuit de massa choux

- 10 g de leite
- 25 g de manteiga
- 35 g de farinha de trigo 00
- 45 g de ovo
- 40 g de gema de ovo
- 80 g de clara de ovo
- 55 g de açúcar de confeiteiro
- 10 morangos

Gel de morango e papoula

- 400 g de suco de morango
- 40 g de açúcar refinado
- 6 g de ágar-ágar
- 2 g de goma xantana
- 5 g de pétalas de papoula cristalizadas

Crocante de amêndoa e semente de papoula

- 35 g de açúcar refinado
- 100 g de feuilletine
- 100 g de amêndoa
- 20 g de semente de papoula
- 10 g de óleo de semente de uva
- 10 g de manteiga de cacau

Glaçagem rubi

- 400 g de creme de leite fresco
- 6 g de fécula de batata
- 42 g de massa de gelatina (6 g de gelatina em pó e 36 g de água)
- 5 g de corante vermelho lipossolúvel

Cobertura rubi

Ingredientes na p. 338.

Montagem e decoração

- Sementes de papoula

GANACHE DE CRÈME FRAÎCHE

Ferva o creme de leite em uma panela. À parte, bata as gemas com o açúcar. Despeje um pouco do creme de leite fervente sobre essa mistura e, em seguida, volte a preparação para a panela para fazer um creme inglês. Deixe cozinhar por 2 minutos e, então, bata enquanto acrescenta a massa de gelatina. Coe com um chinois e adicione o mascarpone e o crème fraîche. Deixe descansar na geladeira por aproximadamente 12 horas. Separe 150 g da ganache e misture com o carvão vegetal em pó. Reserve em geladeira.

BISCUIT DE MASSA CHOUX

Ferva o leite e a manteiga em uma panela por 1 a 2 minutos. Acrescente a farinha e mexa em fogo baixo até formar uma massa que se solte facilmente das laterais. Em uma batedeira, usando um batedor raquete, bata a massa para remover o vapor e, em seguida, acrescente os ovos e as gemas aos poucos, em três porções. À parte, bata as claras em neve até ficarem firmes, adicionando o açúcar também em três porções. Para checar se o merengue está pronto, erga o batedor - as claras devem formar um pico. Incorpore o merengue à massa choux em três porções até obter uma mistura lisa e homogênea. Coloque a massa em um aro de 18 cm de diâmetro. Acrescente os morangos cortados. Asse a 165 °C por 20 a 25 minutos, abrindo o forno na metade do tempo para evitar a condensação. Deixe esfriar.

GEL DE MORANGO E PAPOULA

Ferva o suco de morango em uma panela e, em seguida, acrescente os ingredientes secos. Bata com um mixer e leve à geladeira. Bata novamente com as pétalas de papoula.

CROCANTE DE AMÊNDOA E SEMENTE DE PAPOULA

Use o açúcar para preparar um caramelo seco — você precisará de 30 g de caramelo. Deixe esfriar até ficar sólido. Misture o feuilletine com as amêndoas e as sementes de papoula e depois com o caramelo, incorporando o óleo aos poucos. Em uma batedeira, misture todos os ingredientes usando um batedor raquete, adicionando aos poucos a manteiga de cacau derretida.

GLAÇAGEM RUBI

Ferva o creme de leite. Acrescente a fécula e volte a ferver. Adicione a massa de gelatina e o corante, bata e coe com um chinois.

COBERTURA RUBI

Prepare como indicado na p. 338.

MONTAGEM

Em uma batedeira, bata a ganache. Desenforme cuidadosamente o biscuit. Coloque-o em outro aro de mesmo diâmetro, previamente coberto com uma fina camada do crocante. Cubra com o gel, sem ultrapassar a altura de 2,5 cm. Leve ao freezer por aproximadamente 4 horas. Usando o bico de confeitar, espalhe a ganache em uma fôrma de 18 cm de diâmetro. Coloque uma quantidade maior de ganache no meio para que depois o recheio possa ficar bem centralizado. Posicione o recheio na ganache e cubra com mais ganache. Uniformize com uma espátula. Deixe no freezer por aproximadamente 6 horas. Com o bolo sobre uma grade, cubra com a glaçagem rubi e decore as laterais com sementes de papoula.

DECORAÇÃO

No verso de forminhas semiesféricas de 4,5 cm de diâmetro, modele quatro pétalas de flores grandes usando um saco de confeitar com um bico saint--honoré nº 104. Deixe firmar no freezer, desenforme com cuidado e vire-as para obter as flores. Com uma pistola de pulverização, aplique a glaçagem rubi sobre as flores, cobrindo-as uniformemente. Disponha-as sobre o bolo. Bata a ganache cor de carvão. Usando um saco de confeitar com um bico simples de 2 mm, crie os pistilos das papoulas, fazendo um núcleo de palitinhos de ganache de crème fraîche; em seguida, disponha palitinhos de ganache cor de carvão ao redor. Decore com sementes de papoula. Leve à geladeira por aproximadamente 4 horas antes de servir.

RENDE 1 PEÇA

CROQUEM-BOUCHE

Massa choux

- 200 g de água
- 200 g de leite
- 8 g de sal
- 16 g de açúcar de confeiteiro
- 180 g de manteiga
- 220 g de farinha de trigo tipo 1
- 360 g de ovo
- Açúcar perolado

Creme de confeiteiro de baunilha

- 420 g de leite
- 75 g de creme de leite fresco
- 1 fava de baunilha
- 135 g de gema de ovo
- 120 g de açúcar refinado
- 36 g de amido de milho
- 45 g de manteiga
- 90 g de mascarpone

Caramelo saint-honoré

- 30 g de açúcar refinado
- 8 g de nougat
- 15 g de água
- 8 g de glucose
- 250 g de isomalte

Nougatine

- 500 g de açúcar refinado
- 500 g de glucose
- 400 g de amêndoa

MASSA CHOUX

Ferva a água, o leite, o sal, o açúcar de confeiteiro e a manteiga em uma panela por 1 a 2 minutos. Acrescente a farinha e mexa em fogo baixo até formar uma massa que se solte facilmente das laterais. Em uma batedeira, usando um batedor raquete, bata a massa para eliminar o vapor e, em seguida, acrescente os ovos aos poucos, em três porções. Reserve em geladeira por aproximadamente 2 horas. Em uma bandeja de forno forrada com um tapete de silicone, faça bolinhas de choux de 5 a 6 cm de diâmetro usando um saco de confeitar. Polvilhe algumas delas (cerca de ¼) com o açúcar perolado. Asse em um forno de lastro a 175 °C por 30 minutos (caso use um forno convencional, coloque a massa em um forno preaquecido a 260 °C, desligue-o por 15 minutos, volte a ligá-lo e continue a assar a 160 °C por 10 minutos). Deixe esfriar.

CREME DE CONFEITEIRO DE BAUNILHA

Ferva o leite e o creme de leite em uma panela. Acrescente a baunilha, abrindo-a ao meio e raspando-a, cubra e deixe em infusão fora do fogo por aproximadamente 10 minutos. Volte a ferver e depois coe com um chinois. Paralelamente, em uma tigela à parte, bata as gemas com o açúcar e o amido de milho. Despeje a mistura fervente sobre essa preparação. Deixe ferver por 2 minutos antes de adicionar a manteiga e o mascarpone. Recheie generosamente as choux com o creme de confeiteiro.

CARAMELO SAINT-HONORÉ

Em uma panela, cozinhe o açúcar e o nougat previamente misturados com a água e a glucose. Em outra panela, aqueça o isomalte. Quando a temperatura atingir 150 °C, acrescente-o à mistura anterior até obter um caramelo marrom.

NOUGATINE

Em uma panela, aqueça o açúcar e a glucose a 185 °C. Acrescente as amêndoas previamentre trituradas e deixe caramelizar por aproximadamente 2 minutos. Despeje a nougatine em fôrmas de 18 cm de diâmetro em formato de flor, dispostas sobre um tapete de silicone. Deixe firmar em temperatura ambiente.

MONTAGEM DO CROQUEMBOUCHE

Com um palito de madeira, espete as choux sem o açúcar perolado já frias e, em seguida, mergulhe o lado arredondado no caramelo quente. Deixe esfriar por alguns instantes. Cole as choux, com o lado arredondado para fora, na lateral da flor de nougatine — alterne entre as choux caramelizadas e as açucaradas, formando uma coroa. Coloque outra flor de nougatine acima das choux e repita a operação para montar a peça.

SERVE DE 6 A 8 PESSOAS

LAVANDA

Ganache de lavanda

800 g de creme de leite fresco
25 g de lavanda
215 g de chocolate branco
14 g de massa de gelatina (2 g de gelatina em pó e 12 g de água)

Massa de babá

Ingredientes na p. 341.

Calda de babá

Ingredientes na p. 343.

Geleia de damasco

600 g de purê de damasco
6 g de goma xantana
6 g de ácido ascórbico
200 g de damasco fresco cortado em cubos

Nappage de lavanda

100 g de nappage neutra
10 g de flores de lavanda

Cobertura azul

100 g de manteiga de cacau
100 g de chocolate branco
2 g de corante azul
1 g de corante preto

GANACHE DE LAVANDA

No dia anterior ao preparo, ferva metade do creme de leite com a lavanda em uma panela. Cubra e deixe em infusão fora do fogo por 5 minutos. Leve o creme novamente ao fogo e bata com um mixer de imersão até ferver. Após a fervura, passando o creme por um chinois, despeje-o sobre o chocolate picado e a massa de gelatina. Misture até obter uma ganache homogênea, incorporando o creme de leite restante. Deixe descansar em geladeira por aproximadamente 12 horas.

MASSA DE BABÁ

Prepare como indicado na p. 341.
Usando um saco de confeitar, disponha a massa em uma fôrma de bolo. Asse a 180 °C por 15 minutos, depois a 160 °C por 15 minutos e, por fim, a 140 °C por 6 minutos.

CALDA DE BABÁ

Prepare como indicado na p. 343.

GELEIA DE DAMASCO

Bata o purê com a goma xantana e o ácido ascórbico. Acrescente os cubos de damasco, misture e leve à geladeira.

NAPPAGE DE LAVANDA

Em uma panela, deixe ferver a nappage neutra com as flores de lavanda.

COBERTURA AZUL

Derreta a manteiga de cacau e despeje sobre o chocolate picado. Misture com o corante até obter uma preparação homogênea.

MONTAGEM

Aqueça a calda a 62 °C e mergulhe completamente a babá no líquido. Deixe descansar por aproximadamente 12 horas. No dia seguinte, retire a babá da imersão e coloque-a de volta em sua fôrma original. Cubra com uma camada de geleia de damasco. Deixe descansar no freezer por aproximadamente 4 horas.

DECORAÇÃO

Desenforme o bolo com cuidado. Em uma batedeira, bata a ganache. Usando um saco de confeitar com um bico saint-honoré nº 104, faça linhas de ganache ao longo de todo o comprimento do bolo, deixando o centro vazio. Na extremidade das linhas, faça um pequeno movimento para curvá-las. Aplique a cobertura azul com uma pistola de pulverização, cobrindo o bolo uniformemente. No centro, coloque a cobertura de lavanda.

SERVE DE 6 A 8 PESSOAS

LUNETTE DE FRAMBOESA

Sablé vienense

1 fava de baunilha

210 g de manteiga em ponto de pomada

3 g de flor de sal

70 g de açúcar de confeiteiro

40 g de clara de ovo

250 g de farinha de trigo tipo 1

Geleia de framboesa

475 g de framboesas maduras

70 g de suco de framboesa

145 g de açúcar refinado

50 g de glucose em pó

10 g de pectina NH

3 g de cremor tártaro

SABLÉ VIENENSE

Abra a fava de baunilha ao meio e remova as sementes, reservando-as. Leve a fava ao forno a 160 °C por 20 minutos. Depois, bata com um mixer até obter um pó fino. Com uma espátula, misture a manteiga em ponto de pomada, o sal, as sementes da baunilha e o pó da fava. Adicione o açúcar de confeiteiro peneirado, as claras e a farinha peneirada. Mexa até obter uma massa homogênea. Usando um saco de confeitar, coloque metade da massa em uma fôrma de 18 cm de diâmetro em formato de flor. Ainda com o saco de confeitar, disponha a outra metade da massa em uma segunda fôrma idêntica. Asse no forno a 170 °C por cerca de 20 minutos. Se você tiver apenas uma fôrma, pode assar uma massa e depois a outra. Ao retirar do forno, decore uma das massas usando um cortador de biscoitos em formato de gota — corte uma gota em cada pétala e, depois, faça oito gotas no centro, formando uma flor.

GELEIA DE FRAMBOESA

Cozinhe as framboesas por cerca de 30 minutos, adicionando o suco de framboesa aos poucos. Acrescente os ingredientes restantes, mexa e deixe ferver por 1 minuto. Reserve em geladeira.

MONTAGEM

No biscoito não decorado, usando um saco de confeitar, espalhe uma camada generosa de geleia de framboesa, sem chegar até as bordas para não transbordar. Cubra com o segundo biscoito. Coloque um pouco de geleia em cada gota, preenchendo mais as do centro.

VERÃO

SERVE DE 6 A 8 PESSOAS

BAUNILHA

Ganache de baunilha

Ingredientes na p. 340.

Doce de leite

- 120 g de leite condensado
- 4 g de semente de baunilha
- 120 g de leite condensado sem açúcar
- 2 g de goma xantana
- 1 g de carvão vegetal em pó

Massa sucrée

Ingredientes na p. 342.

Dacquoise de amêndoa

- 80 g de clara de ovo
- 35 g de açúcar refinado
- 70 g de farinha de amêndoa
- 15 g de farinha de trigo
- 55 g de açúcar de confeiteiro

Crocante de baunilha

Ingredientes na p. 337.

Nappage de baunilha

- 100 g de nappage neutra
- 1 g de semente de baunilha

GANACHE DE BAUNILHA

Prepare como indicado na p. 340.

MASSA SUCRÉE

Prepare como indicado na p. 342.

CROCANTE DE BAUNILHA

Prepare um crocante de baunilha como descrito na p. 337.

DOCE DE LEITE

Leve o leite condensado ao forno a 90 °C por 4 horas. Bata todos os ingredientes no mixer até a mistura engrossar.

DACQUOISE DE AMÊNDOA

Na batedeira, faça um merengue francês: bata as claras em neve até ficarem firmes, adicionando o açúcar refinado aos poucos, em três porções. Você saberá que o merengue está pronto quando, ao erguer o batedor, as claras formarem um pico. Misture os ingredientes secos peneirados. Com o saco de confeitar, espalhe a dacquoise em um aro de 20 cm e leve ao forno a 170 °C por 16 minutos.

MONTAGEM

Disponha o crocante de baunilha sobre a massa sucrée, até a metade da altura. Preencha cerca de ⅘ da massa com o doce de leite. Remova o aro da dacquoise e use as mãos para reduzir ligeiramente seu diâmetro em 1 ou 2 cm, para que seja mais fácil posicioná-la em seguida. Coloque a dacquoise sobre a massa sucrée.

DECORAÇÃO

Em uma batedeira, bata a ganache. Usando um suporte de metal e um saco de confeitar com um bico saint-honoré nº 125, crie um padrão irregular de pétalas com a ganache. Para isso, segure a flor de baunilha em uma mão, incline-a cerca de 20° e, em seguida, com a outra mão, faça um movimento circular no sentido horário, rumando em direção ao centro, e ligeiramente perpendicular, para formar as "pontas" das pétalas.

NAPPAGE DE BAUNILHA

Em uma panela, ferva a nappage neutra com a baunilha. Coloque a mistura em uma pistola de pulverização e aplique diretamente sobre o bolo.

SERVE DE 6 A 8 PESSOAS

FRAMBOISIER EM PÉTALAS

Biscuit de massa choux

- 10 g de leite
- 25 g de manteiga
- 35 g de farinha de trigo 00
- 45 g de ovo
- 40 g de gema de ovo
- 80 g de clara de ovo
- 55 g de açúcar de confeiteiro
- 10 framboesas

Creme de confeiteiro de baunilha

- 120 g de leite
- 20 g de creme de leite fresco
- 1 fava de baunilha
- 40 g de gema de ovo
- 35 g de açúcar refinado
- 10 g de amido de milho
- 15 g de manteiga
- 30 g de mascarpone

Ganache de baunilha

- 625 g de creme de leite fresco
- 1 fava de baunilha
- 140 g de chocolate branco
- 35 g de massa de gelatina (5 g de gelatina em pó e 30 g de água)

Creme diplomata

Ingredientes na p. 336.

Framboesas envelhecidas

- 300 g de framboesa
- 30 g de açúcar refinado

Gel de framboesa

Ingredientes na p. 341.

Cobertura rubi

Ingredientes na p. 338.

Montagem

- ¼ de limão-taiti
- 500 g de framboesa

BISCUIT DE MASSA CHOUX

Ferva o leite e a manteiga em uma panela por 1 a 2 minutos. Acrescente a farinha e mexa em fogo baixo até formar uma massa que se solte facilmente das laterais. Transfira a massa para uma batedeira. Usando um batedor raquete, bata para remover o vapor e, em seguida, adicione gradualmente os ovos e as gemas, em três porções. À parte, bata as claras em neve até ficarem firmes e acrescente o açúcar em três etapas. Você saberá que o merengue está pronto quando, ao erguer o batedor, as claras formarem um pico. Incorpore o merengue à massa choux em três etapas, até formar uma mistura lisa e homogênea. Usando um saco de confeitar, disponha a massa do biscuit em um aro de 20 cm de diâmetro. Adicione as framboesas à massa e asse a 165 °C por 20 a 25 minutos, abrindo a porta do forno na metade do tempo para evitar a condensação. Deixe esfriar.

CREME DE CONFEITEIRO DE BAUNILHA

Prepare como indicado na p. 336.

GANACHE DE BAUNILHA

Prepare como indicado na p. 340.

CREME DIPLOMATA

Prepare como indicado na p. 336.

FRAMBOESAS ENVELHECIDAS

Lave as framboesas e remova as hastes. Disponha-as em uma travessa e polvilhe com o açúcar. Tampe o recipiente e depois envolva-o com papel-filme. Se você não tiver como tampá-lo, passe duas vezes o filme, que deve ficar bem justo para que o fechamento seja o mais hermético possível. Leve a um forno a vapor a 100 °C por aproximadamente 1h15. Reserve os sucos do cozimento para o preparo do gel.

GEL DE FRAMBOESA

Prepare como indicado na p. 341.

COBERTURA RUBI

Prepare como indicado na p. 338.

MONTAGEM

Remova cuidadosamente o aro do biscuit. Coloque a massa em um novo aro de mesmo diâmetro, envolto em uma tira de acetato — deixe que 1 a 2 cm da tira passem do aro. Usando um saco de confeitar, cubra o biscuit com uma camada fina de creme diplomata. Coloque uma quantidade maior de creme nas bordas, alisando-as com uma espátula pequena para criar contornos completos. Disponha as framboesas envelhecidas no centro, sobre o creme diplomata. Bata metade do gel de framboesa e, com um saco de confeitar, preencha de gel os espaços vazios, até que a superfície esteja praticamente lisa. Reserve um pouco do gel batido para usar posteriormente. Corte em cubos a parte do gel que não foi batida e espalhe no centro. Faça raspas de limão sobre o bolo usando um ralador fino. Ao final desse processo, o bolo deverá estar cerca de 5 mm mais baixo do que a tira de acetato. Finalize com uma camada de creme diplomata. Alise com uma espátula. Deixe firmar no freezer por cerca de 30 minutos e, em seguida, coloque uma camada fina do gel de framboesa reservado. Uniformize novamente com uma espátula.

DECORAÇÃO

Em uma batedeira, bata a ganache. Usando um saco de confeitar com bico saint-honoré nº 104, cubra a lateral do bolo com a ganache: trace linhas diagonais, começando do topo e indo até a base. Coloque a cobertura rubi em uma pistola de pulverização e aplique-a levemente nas laterais do bolo, conferindo a elas uma aparência salpicada. Disponha as framboesas cortadas em coroas concêntricas, de fora para dentro, reservando um espaço vazio no centro. Preencha-o com gel de framboesa.

SERVE DE 6 A 8 PESSOAS

FRAISIER SILVESTRE

Biscuit joconde

Ingredientes na p. 335.

Creme de confeiteiro de baunilha

120 g de leite
20 g de creme de leite fresco
1 fava de baunilha
40 g de gema de ovo
35 g de açúcar refinado
10 g de amido de milho
15 g de manteiga
30 g de mascarpone

Ganache de baunilha

625 g de creme de leite fresco
1 fava de baunilha
140 g de chocolate branco
35 g de massa de gelatina (5 g de gelatina em pó e 30 g de água)

Creme diplomata

Ingredientes na p. 336.

Morangos envelhecidos

300 g de morango
30 g de açúcar refinado

Gel de morango

Ingredientes na p. 340.

Cobertura rubi

Ingredientes na p. 338.

Montagem

¼ de limão-taiti
500 g de morango-silvestre

BISCUIT JOCONDE

Prepare como indicado na p. 335.

CREME DE CONFEITEIRO DE BAUNILHA

Prepare como indicado na p. 336.

GANACHE DE BAUNILHA

Prepare como indicado na p. 340.

CREME DIPLOMATA

Prepare como indicado na p. 336.

MORANGOS ENVELHECIDOS

Lave os morangos e remova as hastes. Disponha-os em uma travessa e polvilhe com o açúcar. Tampe o recipiente e depois envolva-o com papel-filme. Se você não tiver como tampá-lo, passe duas vezes o filme, que deve ficar bem justo para que o fechamento seja o mais hermético possível. Leve a um forno a vapor a 100 °C por aproximadamente 1h15. Reserve os sucos do cozimento para o preparo do gel.

GEL DE MORANGO

Prepare como indicado na p. 340.

COBERTURA RUBI

Prepare como indicado na p. 338.

MONTAGEM

Remova cuidadosamente o aro do biscuit. Coloque a massa em um novo aro de mesmo diâmetro, envolto em uma tira de acetato – deixe que 1 a 2 cm da tira passem do aro. Usando um saco de confeitar, cubra o biscuit com uma camada fina de creme diplomata. Coloque uma quantidade maior de creme nas bordas, alisando-as com uma espátula pequena para criar contornos completos. Disponha os morangos envelhecidos no centro, sobre o creme diplomata. Bata metade do gel de morango e, com um saco de confeitar, preencha de gel os espaços vazios, até que a superfície esteja praticamente lisa. Reserve um pouco do gel batido para usar posteriormente. Corte em cubos a parte do gel que não foi batida e espalhe-os no centro. Faça raspas de limão sobre o bolo usando um ralador fino. Ao final desse processo, o bolo deverá estar cerca de 5 mm mais baixo do que a tira de acetato. Finalize com uma camada de creme diplomata. Alise com uma espátula. Deixe firmar no freezer por aproximadamente 30 minutos e, em seguida, coloque uma camada fina do gel de morango reservado. Uniformize novamente com uma espátula.

DECORAÇÃO

Em uma batedeira, bata a ganache. Corte a extremidade de um saco de confeitar sem bico no formato de um bico saint-honoré, fazendo um entalhe de 3 mm. Aplique a ganache no formato de pequenas chamas, de maneira regular, começando da parte superior do bolo. Siga aplicando a ganache, coroa por coroa. Com uma pistola de pulverização, aplique uniformemente a cobertura rubi. Finalize com morangos-silvestres no centro.

SERVE DE 6 A 8 PESSOAS

CERISIER

Biscuit de massa choux

- 10 g de leite
- 25 g de manteiga
- 35 g de farinha de trigo 00
- 45 g de ovo
- 40 g de gema de ovo
- 80 g de clara de ovo
- 55 g de açúcar de confeiteiro
- 10 cerejas

Creme de confeiteiro de baunilha

- 120 g de leite
- 20 g de creme de leite fresco
- 1 fava de baunilha
- 40 g de gema de ovo
- 35 g de açúcar refinado
- 10 g de amido de milho
- 15 g de manteiga
- 30 g de mascarpone

Ganache de baunilha

- 625 g de creme de leite fresco
- 1 fava de baunilha
- 140 g de chocolate branco
- 35 g de massa de gelatina (5 g de gelatina em pó e 30 g de água)

Creme diplomata

Ingredientes na p. 336.

Cerejas envelhecidas

- 300 g de cereja
- 30 g de açúcar refinado

Gel de cereja

- 400 g de suco de cereja
- 40 g de açúcar refinado
- 6 g de ágar-ágar
- 2 g de goma xantana

Montagem

- ¼ de limão-taiti
- 500 g de cereja

Nappage de baunilha

- 100 g de nappage neutra
- 1 g de semente de baunilha

BISCUIT DE MASSA CHOUX

Ferva o leite e a manteiga em uma panela por 1 a 2 minutos. Acrescente a farinha e mexa em fogo baixo até formar uma massa que se solte facilmente das laterais. Em uma batedeira, usando um batedor raquete, bata para remover o vapor e, em seguida, adicione gradualmente os ovos e as gemas, em três porções. À parte, bata as claras em neve, adicionando o açúcar também em três etapas. Você saberá que o merengue está pronto quando, ao erguer o batedor, as claras formarem um pico. Incorpore o merengue à massa choux em três etapas, até obter uma mistura lisa e homogênea. Usando um saco de confeitar, disponha a massa do biscuit em um aro de 20 cm de diâmetro. Adicione as cerejas (sem caroço e cortadas ao meio) e asse a 165 °C por 20 a 25 minutos, abrindo a porta do forno na metade do tempo para evitar a condensação. Deixe esfriar.

CREME DE CONFEITEIRO DE BAUNILHA

Prepare como indicado na p. 336.

GANACHE DE BAUNILHA

Prepare como indicado na p. 340.

CREME DIPLOMATA

Prepare como indicado na p. 336.

CEREJAS ENVELHECIDAS

Lave as cerejas e remova as hastes e os caroços. Disponha-as em uma travessa e polvilhe com o açúcar. Tampe o recipiente e depois envolva-o com papel-filme. Se você não tiver como tampá-lo, passe duas vezes o filme, que deve ficar bem justo para que o fechamento seja o mais hermético possível. Leve a um forno a vapor a 100 °C por aproximadamente 1h15. Reserve os sucos do cozimento para o preparo do gel.

GEL DE CEREJA

Ferva o suco de cereja em uma panela e, em seguida, adicione os ingredientes secos. Misture e deixe descansar em um local fresco.

MONTAGEM

Remova cuidadosamente o aro do biscuit. Coloque a massa em um novo aro de mesmo diâmetro, envolto em uma tira de acetato — deixe que 1 a 2 cm da tira passem do aro. Usando um saco de confeitar, cubra o biscuit com uma camada fina de creme diplomata. Coloque uma quantidade maior de creme nas bordas, alisando-as com uma espátula pequena para criar contornos completos. Disponha as cerejas envelhecidas no centro, sobre o creme diplomata. Bata metade do gel de cereja e, com um saco de confeitar, preencha de gel os espaços vazios, até que a superfície esteja praticamente lisa. Reserve um pouco do gel batido para usar posteriormente. Corte em cubos a parte do gel que não foi batida e espalhe-os no centro. Faça raspas de limão sobre o bolo usando um ralador fino. Ao final desse processo, o bolo deverá estar cerca de 5 mm mais baixo do que a tira de acetato. Finalize com uma camada de creme diplomata. Alise com uma espátula. Deixe firmar no freezer por aproximadamente 30 minutos e, em seguida, coloque uma camada fina do gel de cereja reservado. Uniformize novamente com uma espátula.

DECORAÇÃO

Em uma batedeira, bata a ganache. Usando um saco de confeitar com bico saint-honoré nº 125, cubra a lateral: forme arcos de ganache de cerca de 5 cm, começando do alto do bolo. Quando a primeira camada estiver concluída, repita a operação para as seguintes. As pétalas da segunda camada não devem ter mais do que a metade da altura das pétalas superiores. Disponha harmoniosamente as cerejas com as hastes sobre o bolo.

NAPPAGE DE BAUNILHA

Em uma panela, ferva a nappage neutra com a baunilha. Coloque a mistura em uma pistola de pulverização e aplique diretamente sobre o bolo.

SERVE DE 6 A 8 PESSOAS

FRAISIER

Biscuit de massa choux

- 10 g de leite
- 25 g de manteiga
- 35 g de farinha de trigo 00
- 45 g de ovo
- 40 g de gema de ovo
- 80 g de clara de ovo
- 55 g de açúcar de confeiteiro
- 10 framboesas

Ganache de baunilha

- 775 g de creme de leite fresco
- 2 favas de baunilha
- 175 g de chocolate branco
- 42 g de massa de gelatina (6 g de gelatina em pó e 36 g de água)

Gel de morango

Ingredientes na p. 340.

Montagem

- 20 morangos
- ¼ de limão-taiti

Nappage de baunilha e finalização

- 100 g de nappage neutra
- 1 g de semente de baunilha
- 300 g de morango (vermelho, branco ou rosa)

BISCUIT DE MASSA CHOUX

Ferva o leite e a manteiga em uma panela por 1 a 2 minutos. Acrescente a farinha e mexa em fogo baixo até formar uma massa que se solte facilmente das laterais. Em uma batedeira, usando um batedor raquete, bata a massa para remover o vapor e adicione os ovos e as gemas aos poucos, em três porções. Bata as claras em neve até ficarem firmes, acrescentando o açúcar também em três porções. Você saberá que o merengue está pronto quando, ao erguer o batedor, as claras formarem um pico. Incorpore o merengue à massa choux em três etapas, até obter uma mistura lisa e homogênea. Usando um saco de confeitar, disponha a massa do biscuit em um aro de 20 cm de diâmetro. Adicione as framboesas e asse a 165 °C por 20 a 25 minutos, abrindo a porta do forno na metade do tempo para evitar a condensação. Deixe esfriar.

GANACHE DE BAUNILHA

Prepare como indicado na p. 340.

GEL DE MORANGO

Prepare como indicado na p. 340.

MONTAGEM

Em uma batedeira, bata a ganache. Lave os morangos, remova as hastes e, em seguida, corte-os em tiras finas. Remova cuidadosamente o aro do biscuit. Coloque a massa em um novo aro de mesmo diâmetro, envolto por uma tira de acetato - deixe que 1 a 2 cm da tira passem do aro. Usando um saco de confeitar, cubra o biscuit com uma camada fina de gel. Faça um anel de ganache na borda da massa e, em seguida, alise-as com uma pequena espátula para dar contornos completos. Disponha os pedaços de morango no centro e cubra com uma camada de gel. Faça raspas de limão sobre o bolo usando um ralador fino. Cubra com ganache até o nível do acetato e uniformize com uma espátula. Coloque no freezer por aproximadamente 1 hora.

DECORAÇÃO

Usando um saco de confeitar com bico nº 14, passe a ganache ao redor dos morangos. Comece na parte superior e vá descendo, criando um drapeado regular, em pequenos movimentos para trás para criar uma forma circular no topo do bolo.

NAPPAGE DE BAUNILHA E FINALIZAÇÃO

Em uma panela, ferva a nappage neutra com a baunilha. Coloque a mistura em uma pistola de pulverização e aplique diretamente sobre o bolo. Disponha os morangos harmoniosamente no centro, brincando com as variedades e cores. Para acentuar o contraste, coloque alguns morangos com haste por cima.

SERVE DE 6 A 8 PESSOAS

MORANGO

Massa diamante

Ingredientes na p. 342.

Creme de amêndoa e baunilha

Ingredientes na p. 336.

Creme de confeiteiro de baunilha

- 230 g de leite
- 40 g de creme de leite fresco
- 1 fava de baunilha
- 70 g de gema de ovo
- 60 g de açúcar refinado
- 20 g de amido de milho
- 25 g de manteiga
- 50 g de mascarpone

Morangos envelhecidos

- 300 g de morango
- 30 g de açúcar refinado

Gel de morango

Ingredientes na p. 341.

Montagem da flor

- 600 g de morango

MASSA DIAMANTE

Prepare como indicado na p. 342.

CREME DE AMÊNDOA E BAUNILHA

Prepare como indicado na p. 336.

CREME DE CONFEITEIRO DE BAUNILHA

Prepare como indicado na p. 336.

MORANGOS ENVELHECIDOS

Lave os morangos e remova as hastes. Disponha-os em uma travessa e polvilhe com o açúcar. Tampe o recipiente e envolva-o com papel-filme. Se você não tiver como tampá-lo, passe duas vezes o filme, que deve ficar bem justo para que o fechamento seja o mais hermético possível. Leve a um forno a vapor a 100 °C por aproximadamente 1h15. Reserve os sucos do cozimento para o preparo do gel.

GEL DE MORANGO

Prepare como indicado na p. 341.

MONTAGEM DA FLOR

Recheie a massa diamante com o creme de amêndoa e baunilha. Asse no forno a 170 °C por 8 minutos. Deixe esfriar por cerca de 15 minutos. Adicione uma camada fina de creme de confeiteiro. Na borda, preencha até ¾ da altura com o creme. Adicione os morangos envelhecidos, dispondo-os em um padrão harmonioso, e preencha a torta com o gel. Lave os morangos, remova as hastes e corte-os em fatias finas no sentido do comprimento. Para a primeira coroa, mais externa, disponha as fatias em uma posição quase horizontal; depois, vá inclinando os morangos para cima gradualmente, de modo que os últimos, no centro, fiquem quase na vertical.

SERVE DE 6 A 8 PESSOAS

CHARLOTTE DE FRUTAS

Ganache de limão-siciliano

Ingredientes na p. 340.

Biscuit de pão de gênova

Ingredientes na p. 335.

Geleia de frutas variadas

100 g de framboesa
100 g de morango
100 g de groselha
45 g de purê de morango
1 fio de azeite de oliva
30 g de açúcar refinado
30 g de glucose em pó
6 g de pectina NH
2 g de cremor tártaro

Cobertura

100 g de manteiga de cacau
50 g de chocolate ao leite
50 g de chocolate branco

Montagem

20 morangos

Decoração

500 g de frutas vermelhas misturadas (groselha, groselha-espinhosa, morango-silvestre, framboesa, amora, morango)
Açúcar gelado

GANACHE DE LIMÃO-SICILIANO

Prepare como indicado na p. 340.

BISCUIT DE PÃO DE GÊNOVA

Prepare como indicado na p. 335.

GELEIA DE FRUTAS VARIADAS

Em uma panela, refogue as frutas e o purê de morango no azeite. Deixe ferver em fogo baixo por cerca de 30 minutos. Acrescente o açúcar, a glucose, a pectina e o cremor tártaro, misture bem e deixe ferver por 1 minuto. Reserve em geladeira.

COBERTURA

Derreta a manteiga de cacau e despeje sobre os chocolates picados. Misture até a preparação ficar homogênea.

MONTAGEM

Lave os morangos e remova as hastes. Corte-os em tiras finas. Remova cuidadosamente o aro do biscuit. Coloque a massa em um novo aro de mesmo diâmetro, envolto por uma tira de acetato – deixe que 1 a 2 cm da tira passem do aro. Usando um saco de confeitar, cubra o biscuit com uma camada fina da geleia de frutas. Ainda com o saco de confeitar, coloque o creme e uniformize com uma pequena espátula nas bordas, para criar um contorno definido. Disponha os morangos no centro. Cubra com uma camada de geleia. Com a ganache, cubra até o nível da tira de acetato. Alise com uma espátula. Coloque no freezer por cerca de 1 hora.

DECORAÇÃO

Em uma batedeira, bata o restante da ganache. Usando um saco de confeitar com bico simples nº 14, disponha pequenos bastões de ganache de 6 a 7 cm em uma assadeira forrada com um tapete de silicone. Deixe endurecer no freezer. Quando os bastões estiverem congelados, corte uma das extremidades, mantendo a que tiver melhor acabamento. Com o saco de confeitar, faça pequenas linhas de ganache no bolo para ajudar a fixar os bastões congelados. Organize-os um a um ao redor da charlotte, brincando com as diferentes formas e tamanhos para criar um efeito irregular, mas harmônico. A ideia é não deixar espaços vazios entre os bastões. Decore a parte externa usando uma pistola de pulverização. A cobertura deve estar quase fervendo para essa etapa. Polvilhe levemente com açúcar gelado. Preencha a parte superior da charlotte com as frutas frescas. Deixe na geladeira por cerca de 2 horas antes de servir.

SERVE DE 6 A 8 PESSOAS

FRAMBOESA

Massa diamante

Ingredientes na p. 342.

Creme de amêndoa e baunilha

Ingredientes na p. 336.

Creme de confeiteiro de baunilha

230 g de leite
40 g de creme de leite fresco
1 fava de baunilha
70 g de gema de ovo
60 g de açúcar refinado
20 g de amido de milho
25 g de manteiga
50 g de mascarpone

Framboesas envelhecidas

300 g de framboesa
30 g de açúcar refinado

Gel de framboesa

Ingredientes na p. 341.

Montagem

500 g de framboesa

MASSA DIAMANTE

Ingredientes na p. 342.

CREME DE AMÊNDOA E BAUNILHA

Prepare como indicado na p. 336.

CREME DE CONFEITEIRO DE BAUNILHA

Prepare como indicado na p. 336.

FRAMBOESAS ENVELHECIDAS

Lave as framboesas e remova as hastes. Disponha-as em uma travessa e polvilhe com o açúcar. Tampe o recipiente e envolva-o com papel-filme. Se você não tiver como tampá-lo, passe duas vezes o filme, que deve ficar bem justo para que o fechamento seja o mais hermético possível. Leve a um forno a vapor a 100 °C por aproximadamente 1h15. Reserve os sucos do cozimento para o preparo do gel.

GEL DE FRAMBOESA

Prepare como indicado na p. 341.

MONTAGEM

Recheie a massa diamante com o creme de amêndoa e baunilha. Asse no forno a 170 °C por 8 minutos. Deixe esfriar por cerca de 15 minutos. Adicione uma camada fina de creme de confeiteiro. Na borda, preencha até ¾ da altura com o creme. Adicione as framboesas envelhecidas, dispondo-as em um padrão harmonioso, e preencha a torta com o gel. No topo, forme pequenas flores com as framboesas previamente lavadas e cortadas ao meio.

SERVE DE 6 A 8 PESSOAS

FRAMBOISIER

Ganache de baunilha

625 g de creme de leite fresco
1 fava de baunilha
140 g de chocolate branco
35 g de massa de gelatina (5 g de gelatina em pó e 30 g de água)

Sablé breton reconstituído

Ingredientes na p. 343.

Creme de amêndoa

Ingredientes na p. 336.

Gel de framboesa

Ingredientes na p. 341.

Cobertura rubi

Ingredientes na p. 338.

Montagem

150 g de framboesa

GANACHE DE BAUNILHA

Prepare como indicado na p. 340.

SABLÉ BRETON RECONSTITUÍDO

Prepare como indicado na p. 343.

CREME DE AMÊNDOA

Prepare como indicado na p. 336.

GEL DE FRAMBOESA

Prepare como indicado na p. 341.

COBERTURA RUBI

Prepare como indicado na p. 338.

MONTAGEM

Em uma batedeira, bata a ganache. Usando um aro de 16 cm de diâmetro, corte um disco do sablé assado; em seguida, usando um aro de 14 cm de diâmetro, corte outro disco, formando uma coroa. Entre os dois círculos, o de 16 cm e o de 14 cm, coloque uma camada de creme de amêndoa utilizando um saco de confeitar. Asse no forno a 170 °C por aproximadamente 8 minutos. Deixe esfriar por 15 minutos. Disponha sobre a massa as framboesas previamente cortadas ao meio e cubra com o gel. Deixe o recheio firmar no freezer por cerca de 6 horas. Com um saco de confeitar, espalhe a ganache em uma fôrma de 18 cm de diâmetro do tipo coroa em formato de bolhas. Posicione-a e, em seguida, coloque o recheio no centro. Finalize com uma camada de ganache e alise com uma espátula. Deixe no congelador por aproximadamente 3 horas e, em seguida, desenforme com cuidado. Pulverize o bolo uniformemente com a cobertura rubi. Mantenha na geladeira por cerca de 4 horas antes de servir.

AMORA

Ganache de amora

- 200 g de creme de leite fresco
- 85 g de gema de ovo
- 40 g de açúcar refinado
- 17 g de massa de gelatina (2,5 g de gelatina em pó e 14,5 g de água)
- 330 g de purê de amora
- 330 g de mascarpone

Biscuit de clafoutis

- 110 g de ovo
- 100 g de açúcar refinado
- 100 g de farinha de amêndoa
- 30 g de farinha de trigo tipo 1
- 1 g de sal
- 300 g de nata

Gel de amora

- 400 g de suco de amora
- 40 g de açúcar refinado
- 6 g de ágar-ágar
- 2 g de goma xantana

Cobertura de carvão vegetal

Ingredientes na p. 338.

Montagem

- 500 g de amora

GANACHE DE AMORA

Ferva o creme de leite em uma panela. À parte, bata as gemas com o açúcar. Despeje um pouco do creme fervente sobre a mistura e, em seguida, volte a preparação para a panela para fazer um creme inglês. Deixe cozinhar por 2 minutos antes de misturar a massa de gelatina e o purê de amora. Coe com um chinois e adicione o mascarpone. Deixe descansar na geladeira por cerca de 12 horas.

BISCUIT DE CLAFOUTIS

Misture os ovos com o açúcar e a farinha de amêndoa. Em seguida, adicione a farinha de trigo, o sal e o creme de leite. Despeje a mistura em uma fôrma, em uma camada de cerca de 5 mm de espessura. Asse a 170 °C por cerca de 15 minutos. Deixe esfriar e, depois, corte em um disco de 16 cm de diâmetro.

GEL DE AMORA

Ferva o suco de amora em uma panela e, em seguida, adicione os ingredientes secos. Misture e deixe descansar em geladeira.

COBERTURA DE CARVÃO VEGETAL

Prepare como descrito na p. 338.

MONTAGEM

Em uma batedeira, bata a ganache. Remova cuidadosamente o aro do biscuit. Coloque a massa em um novo aro de mesmo diâmetro, envolto por uma tira de acetato – deixe que 1 a 2 cm da tira passem do aro. No biscuit, espalhe uma camada de gel e depois disponha as amoras inteiras. Cubra com mais uma camada de gel até o nível das amoras, de modo que fique o mais liso possível. Deixe no freezer por cerca de 6 horas. Com um saco de confeitar, espalhe a ganache em uma fôrma de 18 cm de diâmetro. Coloque uma quantidade maior no meio para que, ao posicionar o recheio, ele possa ficar bem centralizado. Posicione o recheio gelado no topo e cubra com mais ganache. Uniformize com uma espátula. Deixe firmar no freezer por aproximadamente 6 horas.

DECORAÇÃO

Usando um saco de confeitar com um bico simples de 4 mm, crie bolinhas de ganache, começando pelo centro. A ideia é fazer bolinhas de tamanho idêntico e coladas uma na outra. Portanto, não tenha pressa e faça um trabalho meticuloso. Não tente organizá-las em uma direção específica; pelo contrário, modele-as irregularmente. Pulverize o bolo uniformemente com a cobertura de carvão vegetal. Leve à geladeira por cerca de 4 horas antes de servir.

SERVE DE 6 A 8 PESSOAS

AVELÃ

Ganache de avelã

- 170 g de creme de leite fresco
- 20 g de pasta de avelã
- 35 g de chocolate branco
- 20 g de mascarpone
- 7 g de massa de gelatina (1 g de gelatina em pó e 6 g de água)

Massa sucrée

Ingredientes na p. 342.

Crocante de avelã

Ingredientes na p. 337.

Praliné de avelã

- 190 g de avelã
- 60 g de açúcar refinado
- 4 g de flor de sal

Dacquoise de avelã

- 80 g de clara de ovo
- 35 g de açúcar refinado
- 70 g de farinha de avelã
- 15 g de farinha de trigo
- 55 g de açúcar de confeiteiro

Montagem

- 100 g de gianduia
- 100 g de avelã torrada

Decoração

- 100 g de nappage neutra

GANACHE DE AVELÃ

No dia anterior ao preparo, aqueça o creme de leite com a pasta de avelã em uma panela e coe com um chinois. Em uma tigela grande, misture o chocolate branco picado, o mascarpone e a massa de gelatina. Despeje o líquido fervente sobre a mistura. Mexa até obter uma ganache homogênea. Deixe descansar em geladeira por aproximadamente 12 horas.

MASSA SUCRÉE

Prepare como indicado na p. 342.

CROCANTE DE AVELÃ

Prepare como indicado na p. 337.

PRALINÉ DE AVELÃ

Asse as avelãs no forno a 165 °C por 15 minutos. Prepare um caramelo seco com o açúcar. Deixe esfriar antes de batê-lo. Bata as avelãs em um mixer e, em seguida, em uma batedeira, misture todos os ingredientes usando um batedor raquete.

DACQUOISE DE AVELÃ

Na batedeira, faça um merengue francês: bata as claras em neve até ficarem firmes, adicionando o açúcar refinado em três porções. Para checar se o merengue está pronto, erga o batedor – as claras devem formar um pico. Incorpore os ingredientes secos. Usando um saco de confeitar, coloque a massa da dacquoise em um aro de 20 cm de diâmetro. Asse a 170 °C por 16 minutos.

MONTAGEM

Na base de massa sucrée, faça traços grossos de gianduia com um saco de confeitar e, em seguida, cubra toda a superfície com as avelãs torradas ligeiramente picadas. Crie uma coroa com o crocante, espalhando uma fina camada até a metade da altura da torta, e preencha o centro com o praliné de avelã. Remova o aro da dacquoise e use as mãos para reduzir ligeiramente seu diâmetro em 1 a 2 cm, para facilitar o trabalho. Coloque o disco de dacquoise em cima da massa sucrée. Cubra com praliné, se necessário, para que a superfície fique lisa e uniforme.

DECORAÇÃO

Em uma batedeira, bata a ganache. Usando um bico saint-honoré nº 104, cubra a torta de uma só vez: para fazer isso, coloque-a em uma base giratória em movimento. Segure o saco de confeitar em leve angulação e comece dispondo a ganache a partir do centro, formando uma espécie de estrela irregular de três pontas; não pare. Não deve haver "buracos" na ganache, e o objetivo é obter um resultado que, embora irregular, seja harmonioso. Nas últimas duas ou três linhas, mantenha a aplicação constante, sem movimentar as mãos.

NAPPAGE

Ferva a nappage neutra em uma panela, coloque-a em uma pistola de pulverização e aplique diretamente sobre o bolo.

SERVE DE 6 A 8 PESSOAS

FLAN PARISIEN

Brioche de massa folhada

- 100 g de leite
- 13 g de fermento biológico fresco
- 285 g de farinha de trigo tipo 1
- 4 g de sal
- 20 g de açúcar refinado
- 50 g de ovo
- 25 g de manteiga em ponto de pomada
- 150 g de manteiga para folhear a massa

Massa do flan

- 240 g de leite
- 65 g de ovo
- 2 g de semente de baunilha
- 25 g de amido de milho
- 45 g de açúcar refinado
- 25 g de manteiga
- 1 pitada de flor de sal

BRIOCHE DE MASSA FOLHADA

Em uma batedeira, usando o gancho, misture na primeira velocidade todos os ingredientes, exceto as manteigas, adicionando gradualmente os ovos. Passe para a segunda velocidade e continue batendo até que a massa se solte das laterais. Adicione a manteiga em ponto de pomada, previamente cortada em cubos. Sove até obter uma massa homogênea. Deixe crescer em temperatura ambiente (20 a 25 °C) por cerca de 1 hora. Abra a massa com a palma das mãos para liberar o gás e, em seguida, estique-a formando um retângulo. No centro, coloque um retângulo de manteiga de tamanho duas vezes menor que o da massa. Dobre as bordas, estique a massa e dobre-a uma vez sobre a manteiga. Estique-a novamente e dobre duas vezes. Volte a esticá-la e termine fazendo mais uma dobra. Abra a massa e forre uma fôrma circular de 15 cm de diâmetro coberta com papel-manteiga. Coloque no freezer por cerca de 2 horas.

MASSA DO FLAN

Ferva o leite em uma panela. Despeje sobre os ovos, a baunilha, o amido de milho e o açúcar, previamente branqueados. Deixe ferver novamente e, em seguida, adicione a manteiga e o sal. Despeje a mistura na fôrma sobre a massa de brioche folhado. Deixe esfriar na geladeira por cerca de 1 hora e depois leve ao forno a 170 °C por 25 minutos.

SERVE DE 6 A 8 PESSOAS

SAINT-HONORÉ

Brioche de massa folhada

Ingredientes na p. 335.

Massa choux

Ingredientes na p. 341.

Creme de confeiteiro de baunilha

Ingredientes na p. 336.

Caramelo saint-honoré

20 g de açúcar refinado
5 g de nougat seco
10 g de água
5 g de glucose
170 g de isomalte

Chantili de baunilha

Ingredientes na p. 335.

BRIOCHE DE MASSA FOLHADA

Prepare como indicado na p. 335.

MASSA CHOUX

Prepare como indicado na p. 341.

CREME DE CONFEITEIRO DE BAUNILHA

Prepare como indicado na p. 336.

CARAMELO SAINT-HONORÉ

Misture o açúcar e o nougat seco e cozinhe a mistura com a água e a glucose. Aqueça o isomalte separadamente. Quando atingir 150 °C, incorpore-o à mistura anterior até obter um caramelo marrom. Com um palito de dente, fure cada choux resfriada e, em seguida, mergulhe o lado arredondado no caramelo quente.

CHANTILI DE BAUNILHA

Prepare como indicado na p. 335.

MONTAGEM

Preencha o centro do brioche com uma camada uniforme do creme de confeiteiro. Preencha as choux também com o creme. Disponha-as ao redor do brioche formando uma coroa: posicione-as de lado, com a parte caramelada para fora. Adicione de 6 a 7 choux no meio dessa coroa. Reserve as mais bonitas para a finalização.

DECORAÇÃO

Usando um saco de confeitar com um bico saint-honoré nº 104, faça pétalas com o chantili: começando pelo centro, trace uma linha reta que, aos poucos, forma um pequeno arco, da largura de um dedo indicador, voltando ao ponto inicial. Repita a operação em todo o bolo, começando da base das pétalas já feitas e fazendo pétalas menores a cada vez. Para finalizar, coloque uma chou no meio do bolo, marcando o centro da flor.

SERVE DE 6 A 8 PESSOAS

FIGO

Massa diamante

●

Ingredientes na p. 342.

Creme de amêndoa

●

Ingredientes na p. 336.

Figos semicozidos

●

750 g de figo
75 g de açúcar refinado
150 g de suco de figo

Nappage de baunilha

●

Ingredientes na p. 341.

Montagem

●

20 figos

MASSA DIAMANTE

Prepare como indicado na p. 342.

CREME DE AMÊNDOA

Prepare como indicado na p. 336.

FIGOS SEMICOZIDOS

Corte os figos em cubos e refogue-os por alguns minutos com açúcar, adicionando gradualmente o suco de figo.

NAPPAGE DE BAUNILHA

Prepare como indicado na p. 341.

MONTAGEM

Recheie a massa diamante com o creme de amêndoa. Asse no forno a 170 °C por 8 minutos. Deixe esfriar por cerca de 15 minutos e, em seguida, disponha os figos semicozidos até a metade da altura da torta. Começando pela borda e indo em direção ao centro, disponha fatias finas de figos frescos harmoniosamente, com o lado da polpa para cima. Pincele com a nappage de baunilha.

SERVE DE 6 A 8 PESSOAS

PÊSSEGO

Massa sucrée

Ingredientes na p. 342.

Creme de confeiteiro de baunilha

185 g de leite
30 g de creme de leite fresco
1 fava de baunilha
60 g de ovo
50 g de açúcar refinado
16 g de amido de milho
20 g de manteiga
40 g de mascarpone

Creme de amêndoa e baunilha

Ingredientes na p. 336.

Gel de pêssego e verbena

400 g de purê de pêssego
40 g de açúcar refinado
5 g de ágar-ágar
5 folhas de verbena frescas
2 g de pimenta-verbena

Montagem

5 pêssegos brancos
5 pêssegos amarelos
50 g de nectarina
50 g de pêssego branco
50 g de pêssego vermelho
100 g de nappage neutra
1 g de semente de baunilha

MASSA SUCRÉE

Prepare como indicado na p. 342.

CREME DE CONFEITEIRO DE BAUNILHA

Prepare como indicado na p. 336.

CREME DE AMÊNDOA E BAUNILHA

Prepare como indicado na p. 336.

GEL DE PÊSSEGO E VERBENA

Ferva o purê de pêssego em uma panela. Acrescente o açúcar e o ágar-ágar previamente misturados e mexa. Quando o gel estiver frio, passe no processador e, em seguida, adicione a verbena fresca picada e a pimenta-verbena esmagada.

MONTAGEM

Cubra a massa sucrée com o creme de amêndoa e asse a 170 °C por 8 minutos. Deixe esfriar por cerca de 15 minutos. Descasque os pêssegos brancos e amarelos e corte-os em fatias finas. No centro da torta, usando um saco de confeitar, faça uma bola de creme de confeiteiro que servirá como ponto de referência. Em seguida, na borda, faça outra bola de creme de confeiteiro e estique-a em direção à bola central, formando uma tira. Repita o processo com o gel de pêssego e verbena. Cubra todo o bolo dessa forma, alternando as tiras. Disponha harmoniosamente a nectarina e o pêssego previamente cortados em cubos e uniformize com uma espátula. Forme uma roseta com as fatias de pêssego. Em uma panela, ferva a nappage neutra com as sementes de baunilha. Coloque a mistura em uma pistola de pulverização e aplique diretamente sobre o bolo.

SERVE DE 6 A 8 PESSOAS

DAMASCO

Brioche de massa folhada

Ingredientes na p. 335.

Geleia de damasco

- 385 g de damasco
- 45 g de purê de damasco
- 1 fio de azeite de oliva
- 30 g de açúcar refinado
- 30 g de glucose em pó
- 6 g de pectina NH
- 2 g de cremor tártaro

Chantili de satureja

- 430 g de creme de leite fresco
- 20 g de satureja
- 15 g de açúcar refinado
- 45 g de mascarpone
- 14 g de massa de gelatina (2 g de gelatina em pó e 12 g de água)

Nappage de baunilha

Ingredientes na p. 341.

Damascos assados

- 7 damascos
- 20 g de manteiga
- 50 g de mel

BRIOCHE DE MASSA FOLHADA

Prepare como indicado na p. 335.

GELEIA DE DAMASCO

Em uma panela, refogue os damascos e o purê no azeite de oliva. Deixe ferver em fogo baixo por cerca de 30 minutos. Adicione o açúcar, a glucose, a pectina e o cremor tártaro, misture bem e deixe ferver por 1 minuto. Reserve em geladeira.

CHANTILI DE SATUREJA

Em uma panela, aqueça um terço do creme de leite com a satureja e o açúcar. Quando ferver, despeje sobre a mistura de mascarpone e gelatina. Coe com um chinois e depois bata. Adicione gradualmente o restante do creme de leite. Deixe esfriar.

NAPPAGE DE BAUNILHA

Prepare como indicado na p. 341.

DAMASCOS ASSADOS

Corte os damascos ao meio e deixe dourar com a manteiga e o mel em uma frigideira. Disponha-os em um tapete de silicone e cubra-os com a nappage de baunilha.

DECORAÇÃO

Em uma batedeira, bata o chantili. Espalhe uma camada da geleia no brioche e crie uma pequena cúpula também de geleia no centro. Disponha o damasco dourado nas bordas do brioche. Usando um saco de confeitar com bico saint-honoré nº 20, aplique o chantili no formato de pequenas chamas, de fora para dentro, preenchendo os “buracos” que houver. Finalize com um damasco no centro.

SERVE DE 6 A 8 PESSOAS

MELÃO

Sorbet de melão

140 g de água
110 g de açúcar refinado
60 g de glucose em pó
650 g de polpa de melão batida
20 g de suco de limão-siciliano

Merengue

125 g de clara de ovo
125 g de açúcar refinado
125 g de açúcar de confeiteiro

Chantili de baunilha

Ingredientes na p. 335.

Melão

2 melões

SORBET DE MELÃO

Em uma panela, aqueça a água e adicione o açúcar previamente misturado com a glucose em pó. Deixe ferver e, em seguida, despeje sobre a polpa de melão e o suco de limão. Misture e bata. Reserve no freezer.

MERENGUE

Bata as claras em neve até ficarem firmes, adicionando o açúcar refinado em três porções. Você saberá que o merengue está pronto quando, ao erguer o batedor, as claras formarem um pico. Incorpore o açúcar de confeiteiro. Sobre uma bandeja de forno forrada com um tapete de silicone, disponha o merengue com um saco de confeitar no avesso de uma fôrma em formato de flor. Asse no forno a 90 °C por 1h a 1h30. Deixe esfriar e, em seguida, desenforme cuidadosamente o merengue e vire-o para formar a base do bolo.

CHANTILI DE BAUNILHA

Prepare como indicado na p. 335.

MELÃO

Usando um cortador de biscoitos, corte a polpa dos melões em forma de gotas.

MONTAGEM

Em uma batedeira, bata o chantili. Cubra a base de merengue com uma camada de 1 cm de sorbet. Usando um saco de confeitar com um bico liso de 10 mm, faça bolinhas de chantili na base. Comece da parte mais externa do bolo e siga na direção do centro. Disponha harmoniosamente as gotas de melão, começando com uma coroa central.

OUTONO

SERVE DE 6 A 8 PESSOAS

YUZU

Sablé breton reconstituído

Ingredientes na p. 343.

Biscuit de pão de gênova

Ingredientes na p. 335.

Ganache de yuzu

- 800 g de creme de leite fresco
- 42 g de massa de gelatina (7 g de gelatina em pó e 35 g de água)
- 215 g de chocolate branco
- 180 g de suco de yuzu

Recheio de geleia de limão-siciliano

- 300 g de suco de limão
- 30 g de açúcar refinado
- 5 g de ágar-ágar
- 1 g de goma xantana
- 15 g de hortelã fresca
- 55 g de limão-caviar
- 170 g de limão-siciliano em conserva
- 40 g de limão-siciliano em gomos

Cobertura amarela

Ingredientes na p. 338.

Brilho dourado

- 220 g de kirsch
- 120 g de pó de ouro

SABLÉ BRETON RECONSTITUÍDO

Prepare como indicado na p. 343.

BISCUIT DE PÃO DE GÊNOVA

Prepare como indicado na p. 335.

GANACHE DE YUZU

No dia anterior ao preparo, aqueça metade do creme de leite em uma panela e adicione a massa de gelatina. Aos poucos, despeje essa mistura sobre o chocolate picado. Mexa até obter uma emulsão. Acrescente o creme de leite restante e, em seguida, o suco de yuzu. Mexa bem para obter uma mistura homogênea e deixe descansar na geladeira por cerca de 12 horas.

RECHEIO DE GELEIA DE LIMÃO-SICILIANO

Em uma panela, ferva o suco de limão e, em seguida, adicione o açúcar e o ágar-ágar previamente misturados. Quando o gel estiver frio, bata bem no mixer e, em seguida, adicione a xantana. Misture com a hortelã picada, o limão-caviar, o limão-siciliano em conserva finamente picado e os gomos cortados em pedaços pequenos e irregulares. Coloque em uma fôrma de 16 cm de diâmetro e deixe no freezer por cerca de 3 horas.

COBERTURA AMARELA

Prepare como indicado na p. 338.

BRILHO DOURADO

Misture o kirsch com o pó de ouro.

MONTAGEM

Em uma batedeira, bata a ganache. Sobre o sablé breton reconstituído, coloque um disco do pão de gênova do mesmo diâmetro. Disponha a geleia por cima. Deixe no freezer por aproximadamente 6 horas. Com um saco de confeitar, espalhe a ganache em uma fôrma de 18 cm de diâmetro — coloque uma quantidade maior no centro para que, ao posicionar o recheio, ele possa ficar bem centralizado. Posicione o recheio no topo e cubra com mais ganache. Alise com uma espátula. Deixe firmar no freezer por cerca de 6 horas. Desenforme com cuidado.

DECORAÇÃO

Etapa 1

Usando um bico saint-honoré nº 125, comece decorando a parte externa. Segure o bico horizontalmente e forme pétalas grandes de baixo para cima. No topo do bolo, deixe espaço para criar a flor central.

Etapa 2

Usando o mesmo bico de confeitar, mas desta vez na vertical, faça uma flor no meio do bolo: coloque um ponto de ganache no centro — este será seu ponto de referência — e, em seguida, desenhe linhas irregulares de fora para dentro (na direção do ponto central).

Etapa 3

Usando um saco de confeitar com um bico liso de 1 mm, faça pequenos pontos de ganache no centro para formar os pistilos das flores. Pulverize o bolo uniformemente com a cobertura amarela. Repita a operação com o brilho dourado. Coloque o bolo na geladeira por cerca de 4 horas antes de servir.

SERVE DE 6 A 8 PESSOAS

PARIS-BREST

Praliné de avelã

Ingredientes na p. 342.

Creme de confeiteiro de baunilha

Ingredientes na p. 336.

Creme paris-brest

300 g de creme de confeiteiro de baunilha

200 g de praliné de avelã

100 g de manteiga

140 g de mascarpone

21 g de massa de gelatina (3 g de gelatina em pó e 18 g de água)

Massa sucrée

Ingredientes na p. 342.

Crocante de avelã

Ingredientes na p. 337.

Massa choux

Ingredientes na p. 341.

Montagem

250 g de gianduia

Nappage de baunilha

100 g de nappage neutra

1 g de semente de baunilha

PRALINÉ DE AVELÃ

Prepare como indicado na p. 342.

CREME DE CONFEITEIRO DE BAUNILHA

Prepare como indicado na p. 336.

CREME PARIS-BREST

Adicione todos os ingredientes ao creme de confeiteiro quente. Bata e leve à geladeira por cerca de 12 horas.

MASSA SUCRÉE

Prepare como indicado na p. 342.

CROCANTE DE AVELÃ

Prepare como indicado na p. 337.

MASSA CHOUX

Prepare como indicado na p. 341.

MONTAGEM

Recheie ¾ da massa sucrée com o crocante de avelã. Recheie metade das choux com 240 g de gianduia e a outra metade com praliné de avelã. Disponha-as harmoniosamente em uma coroa, alternando os sabores. Reserve a chou de praliné mais bonita para usar no topo. Uniformize a superfície com um pouco de creme paris-brest, para cobrir os espaços vazios. Coloque a chou reservada no centro e cubra-a com 10 g de gianduia derretida.

DECORAÇÃO

Em uma batedeira, bata o creme paris-brest. Usando um suporte de metal e um bico saint-honoré nº 125, faça pétalas irregulares com o creme, começando pelo centro, para formar uma flor. Crie pequenos arcos da esquerda para a direita, de modo a obter círculos de cerca de 2 cm no centro, e depois vá aumentando gradualmente o tamanho dos arcos, começando cada pétala na metade da anterior.

NAPPAGE DE BAUNILHA

Em uma panela, ferva a nappage neutra com a baunilha. Coloque a mistura em uma pistola de pulverização e aplique diretamente sobre o bolo.

SERVE DE 6 A 8 PESSOAS

FLORESTA NEGRA

Ganache de kirsch

- 440 g de creme de leite fresco
- 100 g de chocolate branco
- 25 g de massa de gelatina (3,5 g de gelatina em pó e 21,5 g de água)
- 30 g de kirsch

Biscuit de chocolate sem farinha

- 135 g de gema de ovo
- 210 g de açúcar refinado
- 190 g de clara de ovo
- 60 g de cacau em pó

Sablé de chocolate e flor de sal

Ingredientes na p. 343.

Cobertura de chocolate

- 50 g de manteiga de cacau
- 50 g de chocolate amargo 70% cacau

Crocante de chocolate

- 50 g de cobertura de chocolate
- 240 g de sablé de chocolate e flor de sal

Gel de cereja morello

- 500 g de purê de cereja morello
- 6 g de goma xantana
- 750 g de cereja morello
- 125 g de cereja morello embebida em kirsch

Cobertura de carvão vegetal

Ingredientes na p. 338.

GANACHE DE KIRSCH

No dia anterior ao preparo, ferva metade do creme de leite em uma panela. Despeje o creme quente sobre o chocolate picado e a massa de gelatina. Misture para obter uma ganache homogênea, incorporando o creme de leite restante e o kirsch. Coe com um chinois e leve à geladeira por cerca de 12 horas.

BISCUIT DE CHOCOLATE SEM FARINHA

Bata as gemas com metade do açúcar. Com a outra metade, bata as claras em neve. Misture as duas preparações e, em seguida, adicione o cacau. Despeje a mistura em uma assadeira de 3 cm de altura com bordas retas e leve ao forno a 180 °C por 20 minutos. Ao retirar do forno, corte um anel do biscuit usando dois aros, um de 16 cm e outro de 14 cm de diâmetro.

SABLÉ DE CHOCOLATE E FLOR DE SAL

Prepare como indicado na p. 343.

COBERTURA DE CHOCOLATE

Derreta a manteiga de cacau e despeje sobre o chocolate picado. Bata até obter uma mistura homogênea.

CROCANTE DE CHOCOLATE

Misture a cobertura de chocolate com o sablé de chocolate e flor de sal. Espalhe entre dois círculos de 16 cm e 14 cm de diâmetro para formar uma coroa crocante.

GEL DE CEREJA MORELLO

Misture o purê com a xantana. Acrescente as cerejas. Despeje o gel resultante sobre o biscuit de chocolate para formar o recheio. Deixe firmar no freezer por cerca de 6 horas.

COBERTURA DE CARVÃO VEGETAL

Prepare como indicado na p. 338.

MONTAGEM

Prepare o recheio: coloque o biscuit em cima da coroa crocante. Adicione uma camada fina de ganache e cubra com o gel de cereja morello. Leve ao freezer por cerca de 2 horas. Espalhe ganache em uma fôrma de 18 cm de diâmetro em formato de anel. Coloque uma quantidade de ganache maior no meio para que, ao posicionar o recheio, ele possa ficar bem centralizado. Disponha o recheio por cima e cubra com mais ganache. Alise com uma espátula. Deixe descansar no freezer por cerca de 6 horas e, em seguida, desenforme cuidadosamente.

DECORAÇÃO

Em uma batedeira, bata o restante da ganache. Usando um saco de confeitar com bico saint-honoré nº 125, crie linhas de ganache seguindo o formato do bolo: para fazer isso, segure o bico totalmente na vertical e forme arcos irregulares. Comece cobrindo a parte interna da coroa, trabalhando de baixo para cima. Pare no topo e repita a operação na parte externa do bolo. Pulverize o bolo uniformemente com a cobertura de carvão. Coloque na geladeira por cerca de 4 horas antes de servir.

NOZ-PECÃ

BASE
COMUM

Creme de noz-pecã

65 g de manteiga
65 g de açúcar refinado
65 g de farinha de noz-pecã
65 g de ovo

Praliné de noz-pecã

Ingredientes na p. 343.

TORTA-FLOR
VERSÃO ÓPERA

Massa diamante

Ingredientes na p. 342.

Caramelo cremoso

Ingredientes na p. 335.

Noz-pecã caramelizada

200 g de noz-pecã
60 g de açúcar refinado
25 g de água
1 g de cremor tártaro

FRUTA ESCULPIDA
VERSÃO MEURICE

Ganache de noz-pecã

500 g de creme de leite fresco
50 g de gema de ovo
25 g de açúcar refinado
10 g de massa de gelatina (1,5 g de gelatina em pó e 8,5 g de água)
150 g de pasta de noz-pecã
150 g de gel de noz-pecã
200 g de mascarpone

Massa sucrée

Ingredientes na p. 342.

Praliné de noz-pecã

500 g de noz-pecã
125 g de açúcar refinado
10 g de flor de sal

Crocante de noz-pecã

Ingredientes na p. 337.

Leite de nozes

500 g de leite
50 g de nozes

Gel de noz-pecã

500 g de leite de nozes
35 g de açúcar refinado
90 g de gema de ovo
5 g de goma xantana
75 g de pasta de noz-pecã

Cobertura de nozes

200 g de manteiga de cacau
50 g de chocolate ao leite
150 g de chocolate branco
1 g de corante amarelo

BASE COMUM

CREME DE NOZ-PECÃ

Em uma batedeira, bata a manteiga, o açúcar e a farinha de noz-pecã usando um batedor raquete. Adicione gradualmente os ovos e reserve na geladeira.

PRALINÉ DE NOZ-PECÃ

Prepare como indicado na p. 343.

TORTA-FLOR
VERSÃO ÓPERA

BASE COMUM

Prepare o creme e o praliné de noz-pecã.

MASSA DIAMANTE

Prepare como indicado na p. 342.

CARAMELO CREMOSO

Prepare como indicado na p. 335.

NOZ-PECÃ CARAMELIZADA

Toste as nozes-pecã no forno a 170 °C por 15 minutos. Faça um caramelo com o açúcar, a água e o cremor tártaro. Quando atingir uma coloração marrom, adicione as nozes. Deixe caramelizarem por alguns minutos e então remova-as para uma assadeira coberta com um tapete de silicone. Separe as nozes para evitar que grudem umas nas outras.

MONTAGEM

Espalhe o creme de nozes na base da torta e leve ao forno a 170 °C por 8 minutos. Cubra com uma camada de caramelo cremoso. Faça pontos de praliné de nozes. Disponha as nozes caramelizadas no formato de uma roseta.

GANACHE DE NOZ-PECÃ

Ferva o creme de leite em uma panela. Bata as gemas com o açúcar. Despeje um pouco do creme fervente sobre essa mistura e, em seguida, volte a preparação para a panela para fazer um creme inglês, deixando cozinhar por 2 minutos. Misture a massa de gelatina, a pasta de nozes e o gel. Coe com um chinois e adicione o mascarpone. Deixe descansar em um local fresco por cerca de 12 horas.

BASE COMUM

Prepare o creme e o praliné de noz-pecã.

MASSA SUCRÉE

Em uma batedeira, bata a manteiga, o açúcar de confeiteiro, a farinha de avelã e o sal usando um batedor raquete. Emulsione com os ovos e, em seguida, adicione a farinha de trigo e a fécula. Misture até a massa ficar homogênea. Deixe descansar em geladeira. Abra a massa até ficar com cerca de 3 mm de espessura e cubra fôrmas flexíveis de barquetes (calissons) com 8 a 10 cm de comprimento. Com uma faca, corte o excesso de massa. Fure a base com um garfo. Asse a 165 °C por 25 minutos.

PRALINÉ DE NOZ-PECÃ

Prepare outro praliné de pecã como indicado na p. 343.

CROCANTE DE NOZ-PECÃ

Prepare como indicado na p. 337.

LEITE DE NOZES

Bata o leite e as nozes em um processador.

GEL DE NOZ-PECÃ

Ferva o leite de nozes em uma panela. Despeje um pouco sobre as gemas, previamente batidas com o açúcar, e cozinhe por 1 a 2 minutos. Deixe esfriar. Bata com um mixer acrescentando a xantana e a pasta de nozes. Coe com um chinois e leve à geladeira.

COBERTURA DE NOZES

Derreta a manteiga de cacau em uma panela e despeje sobre os chocolates. Misture com o corante até ficar homogêneo.

MONTAGEM DAS NOZES-PEÇA ESCULPIDAS

Espalhe o creme de nozes sobre a base da torta e leve ao forno a 170 °C por 8 minutos. Cubra com uma camada de crocante. Alise com uma espátula. Com o gel de nozes, preencha fôrmas flexíveis em formato de barquete (calisson) um pouco menores que as outras. Deixe firmar no freezer antes de colocar sobre as tortas.

DECORAÇÃO

Em uma batedeira, bata a ganache. Usando um saco de confeitar com um bico liso de 6 mm, faça linhas grossas e irregulares que se assemelhem a uma casca de noz. Comece em uma extremidade e vá em direção à outra. Com palitos de madeira, espete as nozes esculpidas congeladas e mergulhe-as na cobertura de nozes a 30 °C. Mergulhe um pincel no cacau em pó e, em seguida, bata levemente em algumas áreas das nozes esculpidas. Esfregue com um pano para remover o excesso e dar um efeito matizado. Retire o palito de madeira e coloque tudo na bandeja.

SERVE DE 6 A 8 PESSOAS

PISTACHE

Ganache de pistache

Ingredientes na p. 340.

Gel de pistache

Ingredientes na p. 341.

Praliné de pistache

Ingredientes na p. 343.

Crocante de pistache

Ingredientes na p. 337.

Dacquoise de pistache

80 g de clara de ovo
35 g de açúcar refinado
70 g de farinha de amêndoa
15 g de farinha de trigo
55 g de açúcar de confeiteiro

Leite de pistache

Ingredientes na p. 341.

Cobertura verde

Ingredientes na p. 338.

GANACHE DE PISTACHE

Prepare como indicado na p. 340.

PRALINÉ DE PISTACHE

Prepare como indicado na p. 343.

LEITE DE PISTACHE

Prepare como indicado na p. 341.

GEL DE PISTACHE

Prepare como indicado na p. 341.

CROCANTE DE PISTACHE

Prepare como indicado na p. 337.

DACQUOISE DE PISTACHE

Prepare um merengue francês: bata as claras em neve até ficarem firmes, adicionando o açúcar refinado em três porções. Você saberá que o merengue está pronto quando, ao erguer o batedor, as claras formarem um pico. Incorpore os ingredientes secos peneirados. Coloque a massa em um aro de 16 cm e asse a 170 °C por 16 minutos.

COBERTURA VERDE

Prepare como indicado na p. 338.

MONTAGEM

Em uma batedeira, bata a ganache. Remova cuidadosamente o aro da massa crocante. Coloque-a em um novo aro de mesmo diâmetro, envolto com uma tira de acetato. Adicione o disco de dacquoise por cima. Cubra com uma camada fina de praliné e, em seguida, com uma camada de gel de pistache. Coloque no freezer por cerca de 3 horas. Com um saco de confeitar, espalhe a ganache em uma fôrma de 18 cm de diâmetro. Coloque uma quantidade maior no meio para que, ao posicionar o recheio, ele possa ficar bem centralizado. Coloque o recheio, cubra com mais ganache e alise com uma espátula. Deixe firmar no freezer por cerca de 6 horas antes de desenformar.

DECORAÇÃO

Usando um saco de confeitar com um bico saint-honoré nº 104, aplique a ganache: trabalhando da borda em direção ao centro, forme ondas de 2 a 3 cm de largura. Coloque no freezer e, em seguida, faça um buraco no centro usando um cortador de biscoitos de 6 cm de diâmetro. Pulverize o bolo uniformemente com a cobertura verde. Despeje o praliné restante no centro. Leve à geladeira por 4 horas antes de servir.

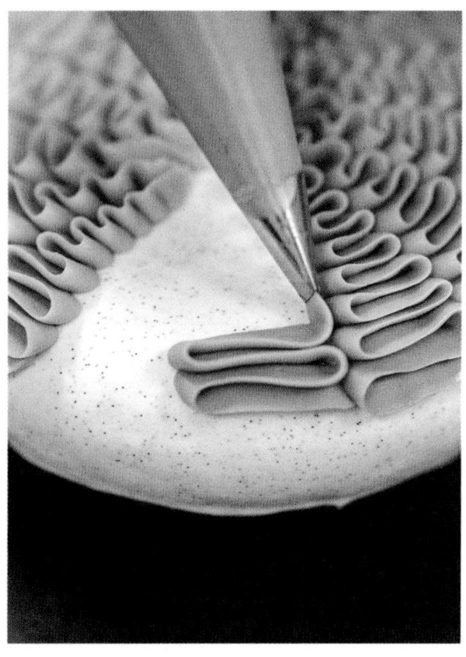

SERVE DE 6 A 8 PESSOAS

CASTANHA COM CASSIS

Mistura de castanha

- 80 g de leite condensado
- 200 g de creme de castanha-portuguesa
- 200 g de pasta de castanha-portuguesa
- 40 g de água

Massa sucrée

Ingredientes na p. 342.

Geleia de cassis

- 385 g de cassis
- 45 g de purê de cassis
- 1 fio de azeite de oliva
- 30 g de açúcar refinado
- 30 g de glucose em pó
- 6 g de pectina NH
- 2 g de cremor tártaro

Chantili de baunilha

Ingredientes na p. 335.

Creme de amêndoa

Ingredientes na p. 336.

Cobertura laranja

Ingredientes na p. 338.

Montagem

- 100 g de castanha-portuguesa confitada

Decoração

- 1 castanha-portuguesa confitada

MISTURA DE CASTANHA

Leve o leite condensado ao forno a 90 °C por 4 horas para caramelizar. Bata todos os ingredientes. Leve à geladeira por cerca de 12 horas.

MASSA SUCRÉE

Prepare como indicado na p. 342.

GELEIA DE CASSIS

Em uma panela, refogue os cassis e o purê com azeite de oliva. Deixe apurar em fogo baixo por cerca de 30 minutos. Acrescente o açúcar, a glucose, a pectina e o cremor tártaro, misture bem e deixe ferver por 1 minuto. Reserve em geladeira.

CHANTILI DE BAUNILHA

Prepare como indicado na p. 335.

CREME DE AMÊNDOA

Prepare como indicado na p. 336.

COBERTURA LARANJA

Prepare como indicado na p. 338.

MONTAGEM

Cubra a massa sucrée com uma camada fina creme de amêndoa. Asse no forno a 170 °C por 8 minutos. Deixe esfriar por cerca de 15 minutos e, em seguida, com um saco de confeitar, faça pontos de geleia de cassis e da mistura de castanha em toda a superfície da torta. Acrescente lascas de castanhas confitadas. Preencha os espaços vazios com chantili de baunilha e alise com uma espátula para criar uma superfície lisa. Leve ao freezer por cerca de 6 horas.

DECORAÇÃO

Usando um saco de confeitar com um bico pequeno e canelado, aplique o chantili em pequenas ondas, fazendo movimentos de cima para baixo. Pulverize o bolo uniformemente com a cobertura laranja. Decore o centro do bolo com a castanha confitada.

SERVE DE 6 A 8 PESSOAS

MATCHA

Ganache de chá

- 780 g de creme de leite fresco
- 50 g de matcha em pó
- 175 g de chocolate branco
- 42 g de massa de gelatina (7 g de gelatina em pó e 35 g de água)

Crocante de amêndoa e timut

Ingredientes na p. 337.

Biscuit japonês de matcha

- 40 g de leite
- 40 g de água
- 1 g de sal
- 45 g de açúcar de confeiteiro
- 15 g de matcha em pó
- 20 g de manteiga
- 35 g de farinha de trigo 00
- 75 g de ovo
- 25 g de óleo de semente de uva
- 75 g de clara de ovo
- 40 g de morango em rodelas

Crémeux de matcha

- 500 g de leite
- 90 g de gema de ovo
- 35 g de açúcar refinado
- 2,5 g de goma xantana
- 25 g de matcha em pó

Gel de matcha

- 275 g de suco de limão-siciliano
- 15 g de matcha em pó
- 20 g de açúcar refinado
- 3 g de ágar-ágar
- 1 g de goma xantana

Cobertura verde

Ingredientes na p. 338.

GANACHE DE CHÁ

No dia anterior ao preparo, aqueça metade do creme de leite em uma panela, acrescente o matcha, cubra e deixe em infusão fora do fogo por cerca de 10 minutos. Aqueça a mistura novamente antes de coar em um chinois. Despeje sobre o chocolate picado e a massa de gelatina e, em seguida, adicione o creme de leite restante. Bata com um mixer para obter uma ganache homogênea. Deixe descansar em geladeira por aproximadamente 12 horas.

CROCANTE DE AMÊNDOA E TIMUT

Prepare como indicado na p. 337.

BISCUIT JAPONÊS DE MATCHA

Ferva o leite, a água, o sal, 2,5 g do açúcar, o matcha e a manteiga em uma panela por 1 a 2 minutos. Acrescente a farinha e misture em fogo baixo até formar uma massa que se solte facilmente das laterais. Em uma batedeira, usando um batedor raquete, bata para eliminar o vapor e, em seguida, adicione gradualmente os ovos e o óleo. À parte, bata as claras em neve até ficarem firmes, adicionando o açúcar restante em três porções. Você saberá que o merengue está pronto quando, ao erguer o batedor, as claras formarem um pico. Incorpore o merengue à massa em três porções, até obter um resultado liso e homogêneo. Disponha o biscuit em um aro de 16 cm formando uma camada de 1 cm. Adicione as fatias de morango à massa. Asse a 160 °C por aproximadamente 1 hora. Deixe esfriar.

CRÉMEUX DE MATCHA

Leve o leite ao fogo até quase ferver. Despeje um pouco sobre as gemas previamente batidas com o açúcar. Junte essa mistura ao leite e cozinhe por 1 a 2 minutos. Deixe esfriar e, em seguida, adicione a xantana e o matcha. Coe em um chinois e leve à geladeira.

GEL DE MATCHA

Ferva o suco de limão em uma panela. Acrescente o matcha e deixe ferver por 5 minutos. Acrescente os ingredientes secos, bata com um mixer e deixe firmar na geladeira. Quando o gel estiver firme, bata novamente.

COBERTURA VERDE

Prepare como indicado na p. 338.

MONTAGEM

Em uma batedeira, bata a ganache. Remova cuidadosamente o aro do biscuit japonês. Em um novo aro de mesmo diâmetro, envolto por uma tira de acetato, espalhe uma fina camada de crocante. Coloque o disco de biscuit por cima. Adicione uma camada do crémeux de matcha e, em seguida, uma camada de gel, tentando deixá-la o mais lisa possível. Leve ao congelador por cerca de 6 horas. Espalhe ganache em uma fôrma de 18 cm de diâmetro. Coloque uma quantidade maior no meio para que, ao posicionar o recheio, ele possa ficar bem centralizado. Disponha o recheio no topo e cubra com mais ganache. Alise com uma espátula. Deixe firmar no congelador por cerca de 6 horas.

DECORAÇÃO

Usando um saco de confeitar com bico nº 125, espalhe a ganache restante em movimento contínuo de vaivém por toda a superfície do bolo: forme fitas entrelaçadas, de modo a dar "vida" à ganache. Pulverize o bolo uniformemente com a cobertura verde.

SERVE DE 6 A 8 PESSOAS

MAÇÃ

Massa sucrée

Ingredientes na p. 342.

Creme de amêndoa

Ingredientes na p. 336.

Compota de maçã

1 kg de maçã granny smith
125 g de suco de limão-siciliano

Montagem

1 maçã granny smith
10 maçãs royal gala

MASSA SUCRÉE

Prepare como indicado na p. 342.

CREME DE AMÊNDOA

Prepare como indicado na p. 336.

COMPOTA DE MAÇÃ

Descasque as maçãs e corte-as em cubos pequenos. Coloque em um saco para vácuo com o suco de limão. Sele a vácuo e cozinhe em um forno a vapor a 100 °C por 13 minutos.

MONTAGEM

Espalhe o creme de amêndoa na base da torta até a metade da altura. Disponha os cubos de granny smith uniformemente sobre o creme e pressione-os levemente com os dedos. Asse a 170 °C por aproximadamente 8 minutos. Retire do forno e deixe esfriar por cerca de 15 minutos. Recheie ¾ da massa com a compota de maçã. Usando um mandolim, corte em tiras finas as maçãs royal gala lavadas, mantendo a casca. Distribua as fatias sobre a torta, começando pela borda e indo em direção ao centro. Crie o centro dispondo 5 fatias de maçã em um padrão de cinco pontos e, em seguida, enrolando-as sobre si mesmas. Coloque no meio da torta.

SERVE DE 6 A 8 PESSOAS

MARMELO

Massa sucrée

115 g de manteiga
70 g de açúcar de confeiteiro
25 g de farinha de avelã
1 g de sal
45 g de ovo
190 g de farinha de trigo tipo 1
60 g de fécula de batata

Creme de amêndoa

Ingredientes na p. 336.

Gotas de marmelo

8 marmelos
1 kg de água
200 g de açúcar refinado
200 g de suco de limão
70 g de suco de yuzu

Geleia de marmelo

500 g de aparas de marmelo
100 g da calda de cozimento das gotas de marmelo

Nappage de baunilha

Ingredientes na p. 341.

MASSA SUCRÉE

Em uma batedeira, bata a manteiga, o açúcar de confeiteiro, a farinha de avelã e o sal usando um batedor raquete. Emulsione com os ovos e, em seguida, adicione a farinha e a fécula. Misture até a massa ficar homogênea. Abra-a em uma camada de 3 mm de espessura e forre fôrmas de 8 cm de diâmetro em formato de flor. Com uma faca, corte o excesso de massa. Fure a base com um garfo. Asse a 165 °C por 25 minutos.

CREME DE AMÊNDOA

Prepare como indicado na p. 336.

GOTAS DE MARMELO

Lave e descasque os marmelos. Reserve 200 g das cascas para fazer a calda e as aparas para fazer a geleia. Usando um cortador de biscoitos, corte pedaços de marmelo em forma de gotas. Estime cerca de 300 g para as gotas. Ferva as cascas de marmelo na água com o açúcar, o suco de limão e o suco de yuzu. Reduza até obter uma calda rosa. Acrescente as gotas de marmelo e cozinhe por cerca de 20 minutos. Reserve a calda do cozimento.

GELEIA DE MARMELO

Cozinhe as aparas de marmelo na calda de cozimento reservada. A geleia estará pronta quando não houver mais pedaços.

NAPPAGE DE BAUNILHA

Prepare como indicado na p. 341.

MONTAGEM

Recheie a massa sucrée com o creme de amêndoa. Asse no forno a 170 °C por 8 minutos. Deixe esfriar por cerca de 15 minutos e, em seguida, recheie até a metade com a geleia. Disponha as gotas de marmelo por cima para formar uma flor e pincele com a nappage de baunilha.

SERVE DE 6 A 8 PESSOAS

MAÇÃ PRENSADA

Brioche de massa folhada

●

125 g de leite
15 g de fermento biológico fresco
340 g de farinha de trigo tipo 1
5 g de sal
20 g de açúcar refinado
60 g de ovo
30 g de manteiga em ponto de pomada
180 g de manteiga para folhar

Maçãs prensadas

●

20 maçãs

Caramelo cremoso

●

Ingredientes na p. 335.

BRIOCHE DE MASSA FOLHADA

Em uma batedeira, usando o gancho, misture na primeira velocidade todos os ingredientes, exceto as manteigas, adicionando os ovos aos poucos. Passe para a segunda velocidade e continue batendo até que a massa se solte das laterais. Acrescente a manteiga em ponto de pomada previamente cortada em cubos e bata até obter uma massa homogênea. Deixe crescer em temperatura ambiente (20 a 25 °C) por cerca de 1 hora. Achate a massa com a palma das mãos para liberar o gás e, em seguida, abra-a formando um retângulo. No centro, coloque um retângulo de manteiga de tamanho duas vezes menor que o da massa. Dobre as bordas, estique a massa e dobre-a uma vez sobre a manteiga. Estique-a novamente e dobre duas vezes. Volta a abri-la e termine fazendo mais uma dobra. Deixe na geladeira por 30 minutos. Abra a massa e corte duas flores usando um cortador de biscoitos de 18 cm de diâmetro. Reserve na geladeira por 1 hora. Em uma das flores, novamente com um cortador de biscoitos, faça cortes em forma de gota em cada pétala e no centro. Disponha as duas flores em uma bandeja de forno forrada com um tapete de silicone. Coloque pesinhos sobre a massa para que ela não infle. Asse no forno a 175 °C por 35 minutos.

MAÇÃS PRENSADAS

Descasque as maçãs e corte-as em fatias usando um mandolim. Disponha-as em uma moldura quadrada com borda alta, grande o suficiente para conter uma flor de 18 cm de diâmetro. Asse em um forno sem ventilação a 200 °C por 1 hora.

CARAMELO CREMOSO

Prepare como indicado na p. 335.

MONTAGEM

Usando um molde em formato de flor de 18 cm de diâmetro, corte a maçã prensada. Cubra com uma camada de caramelo. Coloque sobre a flor de brioche folhada inteira e cubra com a flor de brioche perfurada.

SERVE DE 6 A 8 PESSOAS

GAVOTTE

105 g de clara de ovo
90 g de açúcar de confeiteiro
45 g de farinha de trigo
470 g de água
45 g de manteiga
3 g de sal
A gosto: coco ralado, semente de abóbora, pinhão, nibs de cacau, pistache triturado, avelã triturada, etc.

Em uma tigela grande, misture as claras com o açúcar de confeiteiro e a farinha. Ao mesmo tempo, leve a água para ferver com a manteiga e o sal. Despeje sobre a mistura anterior. Em uma bandeja de forno forrada com um tapete de silicone, espalhe a massa formando uma camada de 1 mm de espessura. Acrescente as frutas secas de sua preferência. Asse a 175 °C por cerca de 20 minutos. Ao retirar do forno, levante os quatro cantos do tapete de silicone e leve em direção ao centro para formar a flor. Ela endurecerá quase instantaneamente. Não se esqueça de usar luvas para realizar essa operação!

SERVE DE 6 A 8 PESSOAS

TANGERINA

Ganache de timut

Ingredientes na p. 340.

Gel de yuzu

200 g de suco de yuzu
20 g de açúcar refinado
3 g de ágar-ágar

Recheio de tangerina e timut

500 g de suco de tangerina fresco
25 g de açúcar refinado
10 g de ágar-ágar
50 g de suco de yuzu
5 g de goma xantana
10 g de pimenta timut
165 g de tangerina confitada

Dacquoise de amêndoa e tangerina

80 g de clara de ovo
35 g de açúcar refinado
70 g de farinha de amêndoa
15 g de farinha de trigo
55 g de açúcar de confeiteiro
1 tangerina

Cobertura branca

Ingredientes na p. 338.

Finalização

3 tangerinas

GANACHE DE TIMUT

Prepare como indicado na p. 340.

GEL DE YUZU

Ferva o suco e, em seguida, adicione o açúcar misturado com o ágar-ágar. Bata com o mixer e leve à geladeira por cerca de 1 hora.

RECHEIO DE TANGERINA E TIMUT

Ferva o suco de tangerina e, em seguida, adicione o açúcar misturado com o ágar-ágar. Bata com um mixer e leve à geladeira por cerca de 1 hora. Quando estiver frio, bata novamente acrescentando o suco de yuzu, a xantana e a pimenta. Incorpore a tangerina confitada.

DACQUOISE DE AMÊNDOA E TANGERINA

Na batedeira, faça um merengue francês: bata as claras em neve até ficarem firmes, adicionando o açúcar refinado em três porções. Você saberá que o merengue está pronto quando, ao erguer o batedor, as claras formarem um pico. Acrescente os ingredientes secos peneirados. Disponha a massa em um aro de 20 cm de diâmetro. Descasque a tangerina e remova os gomos. Coloque-os sobre a massa e pressione levemente. Asse no forno a 170 °C por 16 minutos.

COBERTURA BRANCA

Prepare como indicado na p. 338.

MONTAGEM

Em uma batedeira, bata a ganache. Remova cuidadosamente o aro da dacquoise. Coloque-a em um novo aro de mesmo diâmetro. Adicione uma camada recheio de tangerina e timut e, em seguida, alguns pontos de gel de yuzu, atentando-se para não ultrapassar 2,5 cm de altura. Coloque no freezer por cerca de 4 horas. Com um saco de confeitar, espalhe a ganache em uma fôrma de 18 cm de diâmetro. Coloque uma quantidade maior no meio para que, ao posicionar o recheio, ele possa ficar bem centralizado. Coloque o recheio no topo e cubra com mais ganache. Alise com uma espátula. Deixe firmar no freezer por cerca de 6 horas.

DECORAÇÃO

Usando um saco de confeitar com bico nº 125, faça fitas grandes de ganache do centro para a borda, seguindo o formato do bolo. Coloque no freezer por cerca de 3 horas.

FINALIZAÇÃO

Descasque as tangerinas e remova os gomos. Coloque-os no micro-ondas por 15 a 30 segundos. Corte a membrana branca na parte superior dos gomos e abra-os para remover a polpa. Usando um cortador de biscoitos de 8 cm de diâmetro, crie um espaço no centro do bolo. Pulverize o bolo uniformemente com a cobertura branca. Adicione a polpa de tangerina ao centro. Leve à geladeira por cerca de 4 horas antes de servir.

SERVE DE 6 A 8 PESSOAS

SUCCÈS

Massa sucrée

Ingredientes na p. 342.

Dacquoise de avelã

80 g de clara de ovo
35 g de açúcar refinado
70 g de farinha de avelã
15 g de farinha de trigo
55 g de açúcar de confeiteiro
1 tangerina

Praliné de avelã

Ingredientes na p. 342.

Crocante de avelã

250 g de praliné de avelã
50 g de feuilletine
12 g de manteiga de cacau

Creme paris-brest

140 g de leite
60 g de creme de leite fresco
2 g de semente de baunilha
35 g de gema de ovo
35 g de açúcar refinado
10 g de amido de milho
10 g de farinha de trigo
60 g de manteiga
12 g de manteiga de cacau
28 g de massa de gelatina (4 g de gelatina em pó e 24 g de água)
12 g de mascarpone
110 g de pasta de avelã
40 g de praliné de avelã
120 g de creme de leite fresco batido

Gel de limão negro

500 g de suco de limão
50 g de açúcar refinado
8 g de ágar-ágar
5 g de goma xantana
12 g de limão negro em pó

Montagem

Pasta de avelã

MASSA SUCRÉE

Prepare como indicado na p. 342.

DACQUOISE DE AVELÃ

Na batedeira, faça um merengue francês: bata as claras em neve até ficarem firmes, adicionando o açúcar refinado em três porções. Você saberá que o merengue está pronto quando, ao erguer o batedor, as claras formarem um pico. Misture os ingredientes secos peneirados. Disponha a massa em um aro de 18 cm de diâmetro. Descasque a tangerina e separe os gomos. Coloque-os sobre a massa e pressione levemente. Asse a 170 °C por 16 minutos.

PRALINÉ DE AVELÃ

Prepare como indicado na p. 342.

CROCANTE DE AVELÃ

Em uma batedeira, misture todos os ingredientes usando um batedor raquete, adicionando aos poucos a manteiga de cacau derretida.

CREME PARIS-BREST

Em uma panela, ferva o leite e o creme de leite com a baunilha. Paralelamente, bata as gemas com o açúcar, o amido de milho e a farinha. Despeje a mistura fervente sobre as gemas batidas. Deixe ferver por 2 minutos, mexendo sempre. Adicione a manteiga, a manteiga de cacau, a massa de gelatina, o mascarpone, a pasta de avelã e o praliné. Deixe descansar na geladeira por cerca de 4 horas. Em uma batedeira, usando um batedor tipo globo, bata a mistura até torná-la homogênea e, em seguida, adicione o creme de leite fresco batido.

GEL DE LIMÃO NEGRO

Ferva o suco de limão em uma panela. Acrescente o açúcar e o ágar-ágar previamente misturados e bata com um mixer. Quando o gel estiver frio, passe no processador e, em seguida, adicione a xantana e o limão negro em pó.

MONTAGEM

Espalhe uma camada de crocante sobre a base de massa sucrée. Faça pontos de praliné de avelã e de gel de limão. Disponha o disco de dacquoise por cima.

DECORAÇÃO

Em uma batedeira, bata o creme paris-brest. Usando um saco de confeitar com um bico canelado, aplique o creme no bolo, formando fios entrelaçados em um movimento contínuo de vaivém. A ideia é cobrir toda a superfície, dando vida ao ganache e formando uma leve cúpula para conferir ao bolo uma aparência abobadada.

SERVE DE 6 A 8 PESSOAS

BOURDALOUE

Brioche de massa folhada

Ingredientes na p. 335.

Creme de amêndoa

Ingredientes na p. 336.

Peras em calda

1 kg de água
500 g de açúcar refinado
3 favas de baunilha
15 peras pequenas

Kappa-carragenana

6 g de kappa-carragenana
65 g de açúcar refinado
430 g de água
45 g de glucose

Montagem

200 g de amêndoa laminada
Açúcar de confeiteiro

BRIOCHE DE MASSA FOLHADA

Prepare como indicado na p. 335.

CREME DE AMÊNDOA

Prepare como indicado na p. 336.

PERAS EM CALDA

Faça uma calda: leve a água ao fogo com o açúcar e as favas de baunilha cortadas ao meio e raspadas. Descasque as peras inteiras. Faça uma espécie de polimento esfregando-as com a parte verde de uma esponja limpa e depois enxágue-as para remover qualquer resíduo. Coloque-as em um saco a vácuo com a calda e a baunilha. Cozinhe no termocirculador a 90 °C ou em uma panela com água fervente durante 20 minutos. Escorra as peras e tire o caroço de 13 delas, conservando 2 inteiras para a montagem.

KAPPA-CARRAGENANA

Misture a kappa e o açúcar. Incorpore-os à água e à glucose previamente misturadas. Deixe ferver por cerca de 1 minuto.

MONTAGEM

Recheie a base de brioche com o creme de amêndoa até a metade da altura. Espalhe as amêndoas laminadas sobre o creme. Asse no forno a 170 °C por aproximadamente 8 minutos. Deixe esfriar por alguns minutos. Mergulhe as 13 peras sem caroço na kappa quente e arrume-as harmoniosamente acima da base. Corte ao meio uma das peras inteiras e polvilhe a outra com açúcar de confeiteiro. Disponha-as no centro.

SERVE DE 6 A 8 PESSOAS

TIRAMISU

Ganache de café

Ingredientes na p. 338.

Massa de biscoito champanhe

- 9 ovos
- 220 g de açúcar mascavo (ou refinado)
- 220 g de farinha de trigo
- 15 g de café em pó
- Açúcar refinado
- Açúcar de confeiteiro
- Café expresso

Cobertura preta

- 100 g de manteiga de cacau
- 100 g de chocolate amargo

Cobertura branca

Ingredientes na p. 338.

Creme de mascarpone

- 300 g de mascarpone
- 300 g de creme de leite fresco
- 3 ovos
- 90 g de açúcar mascavo (ou refinado)
- 15 g de licor de amêndoa

GANACHE DE CAFÉ

Prepare como indicado na p. 338.

MASSA DE BISCOITO CHAMPANHE

Separe as claras das gemas. Em uma batedeira, bata as gemas com metade do açúcar mascavo usando um batedor tipo globo; em seguida, bata as claras com a outra metade. Misture com a farinha peneirada e o café. Em uma bandeja de forno forrada com um tapete de silicone, espalhe a massa formando uma camada de 1 cm de espessura. Polvilhe levemente com o açúcar refinado e o açúcar de confeiteiro. Asse a 200 °C por 5 a 6 minutos. Retire do forno, deixe esfriar e, em seguida, corte a massa em quatro discos: um de 16 cm, um de 12 cm, outro de 8 cm e o último de 6 cm de diâmetro. Pincele com o café expresso.

COBERTURAS PRETA E BRANCA

Derreta a manteiga de cacau e despeje sobre o chocolate picado. Misture até ficar homogêneo.
Prepare a cobertura branca como indicado na p. 338.

CREME DE MASCARPONE

Em uma batedeira, misture todos os ingredientes usando um batedor tipo globo, até obter uma mousse firme.

MONTAGEM

Com um saco de confeitar, espalhe creme de mascarpone em uma fôrma de 18 cm de diâmetro. Concentre uma quantidade maior de creme no meio para que, ao posicionar o recheio, ele possa ficar bem centralizado. Coloque o disco de biscoito champanhe de 8 cm por cima. Cubra com uma camada fina de creme de mascarpone. Depois, coloque o disco de 12 cm por cima, cubra novamente com creme de mascarpone e repita o processo para o disco de 16 cm. Alise a superfície. Deixe firmar no freezer por cerca de 6 horas.

DECORAÇÃO

Etapa 1

Desenforme o bolo com cuidado e coloque-o em uma base giratória. Usando um saco de confeitar com um bico saint-honoré nº 125, faça ondas irregulares de ganache começando pelo centro. Deixe firmar no freezer por cerca de 3 horas. Usando um cortador de biscoitos de 8 cm de diâmetro, retire a parte central do bolo. Com uma pistola de pulverização, aplique uniformemente a cobertura preta.

Etapa 2

Coloque o disco de biscoito champanhe de 6 cm de diâmetro na base giratória e repita o processo da etapa anterior. Usando uma pistola de pulverização, aplique a cobertura branca. Coloque esse disco coberto de ganache no espaço vazio no meio do bolo.

SERVE DE 6 A 8 PESSOAS

ILHA FLUTUANTE

Creme inglês

- 285 g de leite
- 285 g de creme de leite fresco
- 1 fava de baunilha
- 90 g de gema de ovo
- 45 g de açúcar refinado
- 45 g de açúcar mascavo

Ilha flutuante

- 300 g de clara de ovo
- 200 g de açúcar refinado

Montagem

- Mel
- 1 amêndoa

CREME INGLÊS

Em uma panela, aqueça o leite e o creme de leite com a baunilha cortada ao meio e raspada. Bata as gemas e os açúcares em uma tigela grande. Despeje sobre o leite e o creme de leite quentes. Cozinhe até 84 °C, coe em um chinois e leve à geladeira.

ILHA FLUTUANTE

Bata as claras em neve até ficarem firmes e acrescente o açúcar. Disponha-as em um aro de 18 cm de diâmetro em forma de flor. Coloque no micro-ondas por 20 segundos, depois mais 20 segundos e, finalmente, 10 segundos. É importante que esse cozimento seja feito nessas três etapas, abrindo a porta do forno em cada uma para liberar o vapor. Remova o aro com cuidado.

MONTAGEM

Despeje o creme inglês em um prato. Coloque a flor no meio, regue com mel derretido e posicione a amêndoa no centro.

SERVE DE 6 A 8 PESSOAS

UVA

Ganache de uva

200 g de creme de leite fresco
85 g de gema de ovo
40 g de açúcar refinado
17 g de massa de gelatina (2,5 g de gelatina em pó e 14,5 g de água)
165 g de verjus
165 g de suco de uva
330 g de mascarpone

Massa sucrée

Ingredientes na p. 342.

Creme de amêndoa

Ingredientes na p. 336.

Geleia de uva

200 g de uva branca
200 g de uva preta
40 g de purê de uva
1 fio de azeite de oliva
30 g de açúcar refinado
30 g de glucose em pó
6 g de pectina NH
2 g de cremor tártaro

Gel de uva

500 g de purê de uva
50 g de açúcar refinado
10 g de ágar-ágar
6 g de goma xantana
250 g de uva branca
250 g de uva preta

Kappa-carragenana

430 g de água
45 g de glucose
65 g de açúcar refinado
6 g de kappa-carragenana

Cobertura roxa

100 g de manteiga de cacau
100 g de chocolate branco
5 g de corante vermelho lipossolúvel
1 g de corante azul lipossolúvel
0,5 g de corante vermelho solúvel em água

Uvas falsas

Açúcar de confeiteiro

Cobertura verde

Ingredientes na p. 338.

Montagem

10 uvas brancas
10 uvas pretas

GANACHE DE UVA

Leve o creme de leite à fervura. Misture as gemas com o açúcar. Despeje um pouco do creme fervente sobre a mistura e volte a preparação para a panela para fazer um creme inglês. Deixe cozinhar por 2 minutos e, em seguida, misture a massa de gelatina, o verjus e o suco de uva. Coe em um chinois e acrescente o mascarpone. Deixe descansar em geladeira por aproximadamente 12 horas.

MASSA SUCRÉE

Prepare como indicado na p. 342.

CREME DE AMÊNDOA

Prepare como indicado na p. 336.

GELEIA DE UVA

Em uma panela, refogue as uvas e o purê de uvas com o azeite de oliva. Deixe ferver em fogo baixo por cerca de 30 minutos. Acrescente o açúcar, a glucose, a pectina e o cremor tártaro, misture bem e deixe ferver por 1 minuto. Reserve em geladeira.

GEL DE UVA

Aqueça o purê de uva em uma panela. Acrescente o açúcar previamente misturado com o ágar-ágar. Deixe esfriar. Misture com a xantana e, em seguida, adicione as uvas cortadas em quatro partes.

COBERTURA ROXA

Derreta a manteiga de cacau em uma panela e despeje sobre o chocolate picado. Misture com o corante até o resultado ficar homogêneo.

COBERTURA VERDE

Prepare como indicado na p. 338.

KAPPA-CARRAGENANA

Em uma panela, ferva a água, a glucose e o açúcar misturados com a kappa.

UVAS FALSAS

Em uma batedeira, bata a ganache. Despeje o gel de uva em fôrmas esféricas de 2 cm de diâmetro. Deixe firmar no freezer por cerca de 3 horas. Desenforme com cuidado. No fundo de fôrmas esféricas de 3 cm de diâmetro, espalhe um pouco de ganache. Adicione o recheio congelado e, em seguida, cubra com ganache. Deixe descansar no freezer por cerca de 3 horas. Polvilhe as uvas antes de mergulhar metade delas na cobertura roxa e a outra metade na cobertura verde. Deixe as coberturas solidificarem. Mergulhe as uvas na kappa e polvilhe levemente com açúcar de confeiteiro. Deixe a kappa endurecer e faça a montagem.

MONTAGEM

Cubra a massa sucrée com uma camada fina de creme de amêndoa. Adicione 4 uvas brancas e 4 uvas pretas, cortadas pela metade. Asse no forno a 170 °C por 8 minutos. Deixe esfriar por cerca de 15 minutos. Adicione uma camada de geleia de uva e, em seguida, uniformize com gel de uva. Disponha as uvas falsas e as uvas verdadeiras em partes iguais.

SERVE DE 6 A 8 PESSOAS

AMENDOIM

Massa sucrée

Ingredientes na p. 342.

Praliné de amendoim

500 g de amendoim
125 g de açúcar refinado
10 g de flor de sal

Crocante de amendoim

250 g de amendoim
500 g de praliné de amendoim
100 g de feuilletine
25 g de manteiga de cacau

Biscuit de amendoim

120 g de manteiga
140 g de pasta de amendoim
160 g de gema de ovo
180 g de açúcar refinado
240 g de clara de ovo
15 g de farinha de trigo
15 g de fécula de batata
Amendoim picado

Caramelo cremoso

Ingredientes na p. 335.

Amendoim caramelizado

400 g de amendoim
120 g de açúcar refinado
50 g de água
2 g de cremor tártaro

MASSA SUCRÉE

Prepare como indicado na p. 342.

PRALINÉ DE AMENDOIM

Leve os amendoins ao forno a 165 °C por 15 minutos. Faça um caramelo seco com o açúcar. Deixe esfriar antes de batê-lo. Bata os amendoins com um mixer e, depois, em uma batedeira, misture todos os ingredientes usando um batedor raquete.

CROCANTE DE AMENDOIM

Leve os amendoins ao forno a 165 °C por 15 minutos. Pique-os. Em uma batedeira, misture todos os ingredientes usando um batedor raquete, adicionando aos poucos a manteiga de cacau derretida.

BISCUIT DE AMENDOIM

Em uma batedeira, bata a manteiga com a pasta de amendoim usando um batedor raquete. À parte, bata as gemas com 60 g do açúcar. Bata as claras em neve com o açúcar restante. Misture as três preparações com a farinha peneirada e a fécula. Em uma bandeja de forno forrada com um tapete de silicone, espalhe a massa formando uma camada fina e polvilhe com os amendoins picados. Asse a 175 °C por 13 minutos.

CARAMELO CREMOSO

Prepare como indicado na p. 335.

AMENDOIM CARAMELIZADO

Leve os amendoins ao forno a 170 °C por 15 minutos. Faça um caramelo com o açúcar, a água e o cremor tártaro, até obter uma coloração marrom. Acrescente os amendoins. Deixe caramelizar por alguns minutos e depois coloque em uma assadeira coberta com um tapete de silicone. Separe os amendoins para que não grudem uns nos outros.

MONTAGEM

Espalhe uma camada de crocante na base da torta. Cubra com o biscuit de amendoim e com o caramelo cremoso. Uniformize. Disponha os amendoins caramelizados no formato de uma roseta.

SERVE DE 6 A 8 PESSOAS

MIL-FOLHAS

Ganache de baunilha

700 g de creme de leite fresco
1 fava de baunilha
150 g de chocolate branco
36 g de massa de gelatina (5 g de gelatina em pó e 31 g de água)

Brioche de massa folhada

200 g de leite
25 g de fermento biológico fresco
550 g de farinha de trigo tipo 1
8 g de sal
40 g de açúcar refinado
100 g de ovo
50 g de manteiga em ponto de pomada
500 g de manteiga para folhar

Caramelo cremoso

Dobre a medida dos ingredientes indicados na p. 335.

Fondant

500 g de fondant
60 g de manteiga de cacau
50 g de glucose
50 g de chocolate ao leite
50 g de chocolate branco
50 g de chocolate amargo
1 pitada de carvão vegetal em pó

GANACHE DE BAUNILHA

Prepare como indicado na p. 340.

BRIOCHE DE MASSA FOLHADA

Em uma batedeira, usando o gancho, misture na primeira velocidade todos os ingredientes, exceto as manteigas, adicionando gradualmente os ovos. Passe para a segunda velocidade e continue misturando até que a massa se solte das laterais. Acrescente a manteiga em ponto de pomada previamente cortada em cubos e sove até a massa ficar homogênea. Deixe crescer em temperatura ambiente (20 a 25 °C) por cerca de 1 hora.
Achate a massa com a palma das mãos para liberar o gás e, em seguida, estique-a formando um retângulo. No centro, coloque um retângulo de manteiga de tamanho duas vezes menor que o da massa. Dobre as bordas, estique a massa e dobre-a uma vez sobre a manteiga. Estique-a novamente e dobre duas vezes. Volte a esticá-la e termine fazendo mais uma dobra. Reserve em geladeira. Abra a massa e cubra quatro fôrmas de 18 cm de diâmetro em formato de flor previamente forradas com papel-manteiga (ou asse quatro vezes seguidas). Cubra a massa com outra folha de papel-manteiga. Encha as fôrmas com pesos para que a massa assuma seu formato quando assada. Asse a 175 °C por 20 minutos.

CARAMELO CREMOSO

Em uma panela, aqueça o açúcar e 110 g da glucose a 185 °C até obter uma coloração âmbar. Em outra panela, aqueça o leite e o creme de leite com a glucose restante, a baunilha e a flor de sal. Junte o caramelo e a mistura de leite quente. Cozinhe a 105 °C e, em seguida, coe com um chinois. Adicione a manteiga quando o caramelo atingir 70 °C. Bata com um mixer.

FONDANT

Em uma panela, aqueça o fondant a 36 °C e, em seguida, adicione a manteiga de cacau e a glucose. À parte, derreta os três chocolates separadamente. Adicione o carvão vegetal em pó ao chocolate amargo.

MONTAGEM DO BOLO

Em uma batedeira, bata a ganache. Em uma flor de massa folhada, usando um saco de confeitar e um bico simples nº 20, faça uma bolinha de ganache em cada pétala e outra no centro. Aplique caramelo cremoso entre as pétalas. Repita a operação. Em uma grade, cubra a última flor de massa folhada com fondant. Remova o excesso com uma espátula. Para a decoração, usando um bico liso nº 1, bem fino, trace rosetas de chocolate amargo, ao leite e branco derretidos.

BOLO BASQUE COM CEREJAS

Creme de confeiteiro de baunilha

Ingredientes na p. 336.

Recheio basco

60 g de manteiga
60 g de açúcar refinado
60 g de farinha de amêndoa
10 g de fécula de batata
60 g de ovo
120 g de creme de confeiteiro de baunilha
25 g de pasta de frutas secas (amêndoas e avelãs)
15 cerejas

Massa sablée basca

180 g de manteiga
160 g de açúcar demerara
65 g de ovo
2 g de sal
12 g de fermento químico em pó
220 g de farinha de trigo tipo 1
110 g de farinha de amêndoa

Douramento

60 g de gema de ovo
20 g de creme de leite fresco
25 g de mel

CREME DE CONFEITEIRO DE BAUNILHA

Prepare como indicado na p. 336.

RECHEIO BASCO

Em uma batedeira, misture a manteiga, o açúcar, a farinha de amêndoa e a fécula usando um batedor raquete. Aos poucos, adicione os ovos, depois o creme de confeiteiro e a pasta de frutas secas. Distribua as cerejas sem caroço e cortadas ao meio na massa, empurrando-as levemente com os dedos. Coloque em um aro de 14 cm de diâmetro e 2,5 cm de altura. Leve ao freezer por 4 horas.

MASSA SABLÉE BASCA

Em uma batedeira, usando um batedor raquete, bata os ovos e, em seguida, os ingredientes secos, até obter uma massa homogênea. Abra a massa até chegar a uma espessura de 3 mm. Coloque-a em uma fôrma de 18 cm de diâmetro em formato de flor previamente forrada com papel-manteiga.

DOURAMENTO

Misture todos os ingredientes.

MONTAGEM

Coloque o recheio na base de massa sablée. Cubra com uma camada de massa basca seguindo o formato de estrela, para se ajustar à fôrma. Decore a parte superior do bolo com a ponta de uma faca e pincele levemente com o douramento. Asse no forno a 170 °C por 35 minutos.

SERVE DE 6 A 8 PESSOAS

LEITE

Massa sucrée

Ingredientes na p. 342.

Caramelo cremoso

Ingredientes na p. 335.

Praliné de baunilha

150 g de amêndoa
1 fava de baunilha
100 g de açúcar refinado
70 g de água
75 g de arroz tufado

Riz au lait

800 g de leite
70 g de açúcar refinado
100 g de arroz carnaroli
4 g de semente de baunilha
2 g de goma xantana

Espuma de leite

28 g de massa de gelatina
(4 g de gelatina em pó
e 24 g de água)
1 kg de leite
5 g de sacarose

MASSA SUCRÉE

Prepare como indicado na p. 342.

CARAMELO CREMOSO

Prepare como indicado na p. 335.

PRALINÉ DE BAUNILHA

Leve as amêndoas e a fava de baunilha ao forno a 165 °C por 15 minutos. Aqueça o açúcar e a água em uma panela a 110 °C. Acrescente as amêndoas e a fava tostadas, mexa e deixe caramelizar. Deixe o caramelo esfriar antes de misturá-lo ao arroz tufado.

RIZ AU LAIT

Ferva o leite com todos os ingredientes, exceto a xantana, por cerca de 12 minutos. Os grãos de arroz devem estar cozidos, mas ainda firmes. Escorra-os e adicione a xantana ao leite do cozimento. Depois, junte o arroz ao leite.

ESPUMA DE LEITE

Derreta a gelatina no micro-ondas. Em um recipiente de borda alta, usando um mixer de mão, bata o leite com a sacarose e a gelatina até formar uma espuma.

MONTAGEM

Coloque uma camada fina de praliné de baunilha na base da torta. Recheie ¾ da massa com o riz au lait. Complete com uma camada de caramelo cremoso e, em seguida, no topo, disponha a espuma de leite.

INVERNO

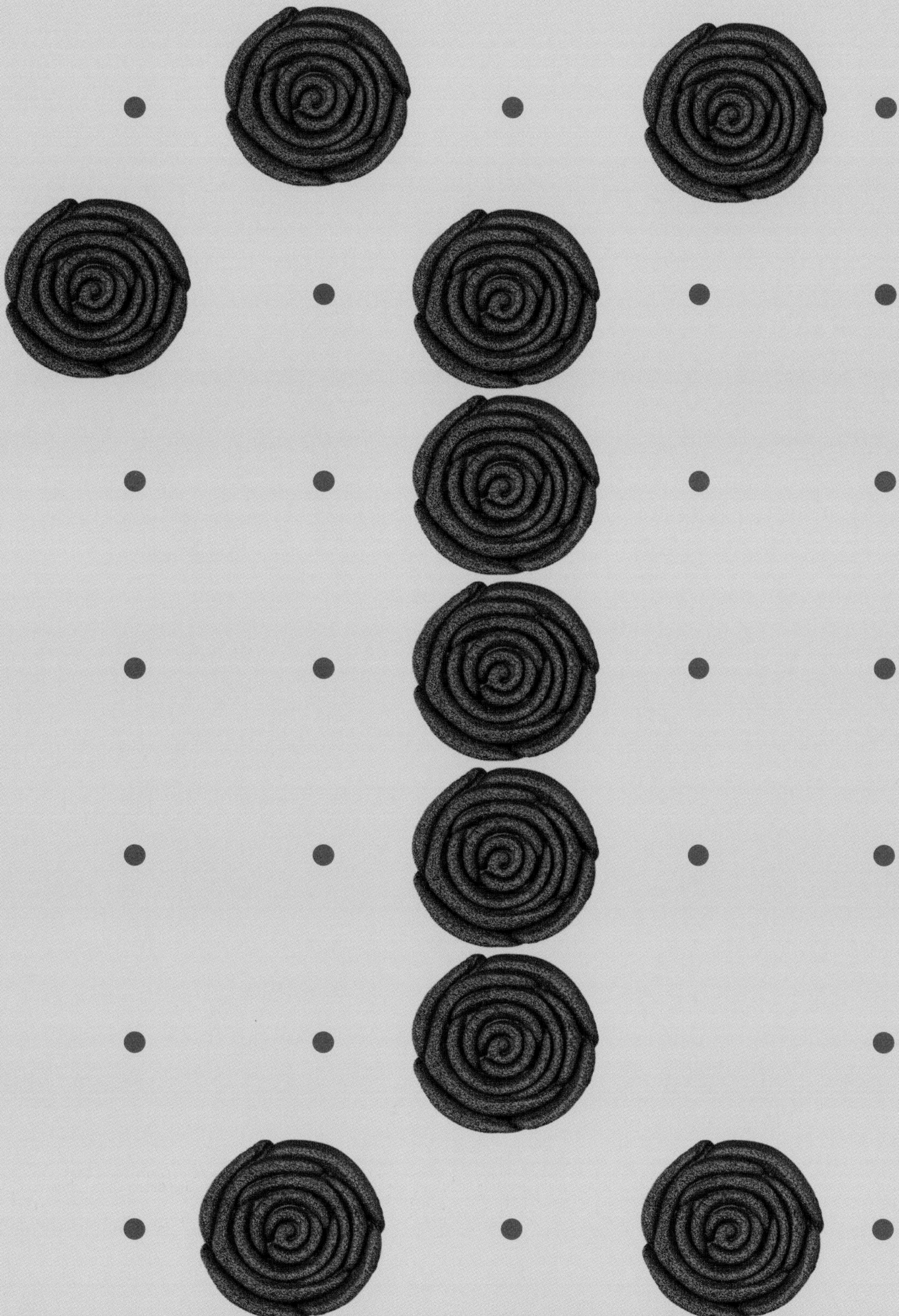

SERVE 30 PESSOAS

FLOR XXG

Ganache de canela

- 1,56 kg de creme de leite fresco
- 4 paus de canela
- 20 g de canela em pó
- 350 g de chocolate branco
- 80 g de massa de gelatina (14 g de gelatina em pó e 66 g de água)

Massa de spéculoos

- 225 g de manteiga
- 145 g de açúcar de confeiteiro
- 45 g de farinha de avelã
- 2 g de sal
- 87 g de ovo
- 375 g de farinha de trigo tipo 1
- 120 g de fécula de batata
- 30 g de canela em pó

Creme de amêndoa e canela

- 250 g de manteiga
- 250 g de açúcar refinado
- 100 g de canela em pó
- 250 g de farinha de amêndoa
- 250 g de ovo

Gel de toranja

- 1 kg de suco de toranja
- 100 g de açúcar refinado
- 15 g de ágar-ágar
- 5 g de goma xantana
- 100 g de toranja confitada
- 100 g de toranja em gomos

Cobertura rubi

Ingredientes na p. 338.

GANACHE DE CANELA

No dia anterior ao preparo, aqueça metade do creme de leite em uma panela, adicione a canela em pau e a canela em pó, cubra e deixe em infusão fora do fogo por cerca de 10 minutos. Aqueça a mistura novamente e coe com um chinois. Despeje sobre o chocolate picado e a massa de gelatina e, em seguida, adicione o creme de leite restante. Bata com um mixer para obter uma ganache homogênea. Deixe descansar em geladeira por aproximadamente 12 horas.

MASSA DE SPÉCULOOS

Em uma batedeira, misture a manteiga, o açúcar de confeiteiro, a farinha de avelã e o sal usando um batedor raquete. Emulsione com os ovos e, em seguida, adicione a farinha, a fécula e a canela. Misture até que a massa esteja bem homogênea. Reserve na geladeira. Abra a massa criando uma camada de 5 mm de espessura e corte um disco de 60 cm de diâmetro. Coloque em um aro de 40 cm de diâmetro. Com a ajuda de uma faca, corte o excesso. Disponha o disco de massa sobre um tapete de silicone (ou uma folha de papel-manteiga). Fure o fundo com um garfo. Asse no forno a 165 °C por 30 minutos.

CREME DE AMÊNDOA E CANELA

Em uma batedeira, misture a manteiga, o açúcar, a canela e a farinha de amêndoa usando um batedor raquete. Aos poucos, acrescente os ovos e reserve em geladeira.

GEL DE TORANJA

Ferva o suco de toranja em uma panela. Acrescente o açúcar, o ágar-ágar e a xantana. Bata com um mixer e deixe firmar em geladeira. Quando o gel estiver endurecido, bata novamente e adicione a toranja confitada e os gomos cortados em pequenos cubos.

COBERTURA RUBI

Prepare como indicado na p. 338.

MONTAGEM

Espalhe o creme de amêndoa sobre a massa. Asse no forno a 170 °C por 8 minutos. Deixe esfriar por cerca de 15 minutos e, em seguida, cubra com o gel de toranja. Deixe esfriar por cerca de 30 minutos.

DECORAÇÃO

Em uma batedeira, bata a ganache. Usando um suporte de metal e um saco de confeitar com bico saint-honoré nº 125, faça pétalas irregulares de ganache para formar uma flor, começando pelo centro. Trace pequenos arcos da esquerda para a direita. Usando uma pistola de pulverização, aplique a cobertura rubi no bolo, criando tons entre o vermelho-escuro e o vermelho-claro.

CAFÉ

Crocante de avelã

100 g de avelã
100 g de café em grãos
35 g de açúcar refinado
100 g de feuilletine
10 g de óleo de semente de uva
10 g de manteiga de cacau

Ganache de café

550 g de creme de leite fresco
28 g de café em grãos
100 g de chocolate branco
24 g de massa de gelatina (4 g de gelatina em pó e 24 g de água)
6 g de café em pó

Massa sucrée

Ingredientes na p. 342.

Geleia de café com leite

240 g de leite condensado
240 g de leite condensado sem açúcar
4 g de goma xantana
14 g de café em pó

Dacquoise de café

75 g de clara de ovo
35 g de açúcar refinado
70 g de farinha de amêndoa
15 g de farinha de trigo
55 g de açúcar de confeiteiro
6 g de café em pó

Cobertura de chocolate ao leite

Ingredientes na p. 338.

Nappage de café

100 g de nappage neutra
2 g de café em pó

CROCANTE DE AVELÃ

Leve as avelãs e o café em grãos ao forno a 165 °C por 15 minutos. Faça um caramelo seco com o açúcar para obter 30 g de caramelo. Deixe esfriar até solidificar. Separadamente, bata com um mixer o feuilletine, acrescente o caramelo e, por fim, as avelãs com os grãos de café, incorporando gradualmente o óleo. Em uma batedeira, misture todos os ingredientes usando um batedor raquete, adicionando gradualmente a manteiga de cacau derretida.

GANACHE DE CAFÉ

No dia anterior ao preparo, aqueça metade do creme de leite em uma panela, acrescente os grãos de café, misture e deixe em infusão fora do fogo, coberto, por cerca de 10 minutos. Aqueça a mistura novamente e coe com um chinois. Despeje sobre o chocolate picado e a massa de gelatina e, em seguida, adicione o creme de leite restante. Incorpore o café em pó e mexa até obter uma ganache homogênea. Deixe descansar em geladeira por cerca de 12 horas.

MASSA SUCRÉE

Prepare como indicado na p. 342.

GELEIA DE CAFÉ COM LEITE

Leve o leite condensado ao forno a 90 °C por 4 horas. Em seguida, bata todos os ingredientes com um mixer.

DACQUOISE DE CAFÉ

Na batedeira, faça um merengue francês: bata as claras em neve até ficarem firmes, adicionando o açúcar refinado em três porções. Você saberá que o merengue está pronto quando, ao erguer a pá, as claras formarem um pico. Incorpore os ingredientes secos peneirados. Coloque a dacquoise em um aro de 20 cm de diâmetro. Asse a 170 °C por 16 minutos.

RECHEIO DE GELEIA DE CAFÉ COM LEITE

Despeje geleia de café com leite em uma fôrma semiesférica de 3 cm e deixe firmar no freezer por 3 horas.

COBERTURA DE CHOCOLATE AO LEITE

Prepare como indicado na p. 338.

MONTAGEM

Recheie a massa sucrée até a metade com o crocante de avelã. Preencha ⅘ do bolo com a geleia de café com leite. Remova o aro da dacquoise e use as mãos para reduzir ligeiramente seu diâmetro em 1 a 2 cm e assim facilitar o trabalho. Nivele o disco de dacquoise com a massa sucrée. Espete o recheio de geleia congelado com um palito de madeira e mergulhe-o na cobertura de chocolate ao leite. Disponha-o no centro do bolo.

DECORAÇÃO

Em uma batedeira, bata a ganache. Usando um suporte de metal e um saco de confeitar com bico saint-honoré nº 104, crie pétalas de ganache para formar uma flor, começando pelo centro. Faça pequenos arcos da esquerda para a direita, primeiro ao redor do recheio que foi disposto no centro, obtendo círculos de cerca de 2 cm, e depois aumentando gradualmente o tamanho dos arcos, começando cada pétala na metade da anterior.

NAPPAGE DE CAFÉ

Ferva a nappage neutra e o café em pó em uma panela. Coloque a mistura em uma pistola de pulverização e aplique diretamente sobre o bolo. Por fim, cubra levemente o recheio.

SERVE DE 6 A 8 PESSOAS

TATIN

Brioche de massa folhada

Ingredientes na p. 335.

Creme de amêndoa

Ingredientes na p. 336.

Caramelo cremoso

Dobre a medida dos ingredientes indicados na p. 335.

Minimaçãs japonesas

500 g de minimaçã japonesa
250 g de açúcar refinado

BRIOCHE DE MASSA FOLHADA

Prepare como indicado na p. 335.

CREME DE AMÊNDOA

Prepare como indicado na p. 336.

CARAMELO CREMOSO

Prepare como indicado na p. 335.

MINIMAÇÃS JAPONESAS

Lave as maçãs e coloque-as em uma bandeja de forno forrada com um tapete de silicone. Asse no forno a 180 °C por 5 minutos. Faça um caramelo seco com o açúcar. Ao retirar as maçãs do forno, deixe-as esfriar por alguns minutos antes de banhá-las com o caramelo.

MONTAGEM

Cubra o brioche de massa folhada com o creme de amêndoa. Asse no forno a 165 °C por 8 min. Deixe esfriar por cerca de 15 minutos. Acrescente uma camada generosa de caramelo cremoso e, em seguida, disponha harmoniosamente as minimaçãs caramelizadas.

MANGA

Massa sucrée

Ingredientes na p. 342.

Gel de manga

200 g de purê de manga
200 g de suco de maracujá
5 g de goma xantana

Creme de confeiteiro de baunilha

Ingredientes na p. 336.

Creme de amêndoa e baunilha

Ingredientes na p. 336.

Nappage de baunilha

Ingredientes na p. 341.

Montagem

2 mangas

MASSA SUCRÉE

Prepare como indicado na p. 342.

CREME DE CONFEITEIRO DE BAUNILHA

Prepare como indicado na p. 336.

CREME DE AMÊNDOA E BAUNILHA

Prepare como indicado na p. 336.

GEL DE MANGA

Bata todos os ingredientes com um mixer até a mistura engrossar.

NAPPAGE DE BAUNILHA

Prepare como indicado na p. 341.

MONTAGEM

Descasque as mangas e corte-as ao meio, o mais próximo possível do caroço. Usando uma faca, corte a polpa em lâminas; as aparas, corte-as em cubos. Recheie a massa sucrée com o creme de amêndoa e baunilha e leve ao forno a 170 °C por 8 minutos. Deixe esfriar por cerca de 15 minutos. No centro, usando um saco de confeitar, faça uma bola de creme de confeiteiro que servirá como ponto de referência. Em seguida, na borda do bolo, faça outra bola de creme confeiteiro e estique-a em direção à bola central, formando uma tira. Faça o mesmo com o gel de manga. Cubra todo o bolo dessa forma, alternando tiras brancas e amarelas. Disponha os cubinhos de manga harmoniosamente, alise com uma espátula e, em seguida, forme uma roseta com as lâminas. Para criar volume, ao posicionar as lâminas pressione levemente sua parte inferior contra a base da torta. Levante as lâminas gradualmente, de modo que, na terceira ou quarta volta, elas estejam quase na vertical. Coloque a nappage de baunilha em uma pistola de pulverização e aplique-a levemente sobre o bolo.

SERVE DE 6 A 8 PESSOAS

GIANDUIA

Ganache de gianduia

340 g de creme de leite fresco
100 g de manteiga
100 g de gianduia
270 g de chocolate amargo

Massa sucrée de chocolate

Ingredientes na p. 342.

Praliné de avelã

Ingredientes na p. 342.

Massa choux de chocolate

30 g de cacau em pó
20 g de clara de ovo
50 g de água
50 g de leite
2 g de sal
4 g de açúcar de confeiteiro
45 g de manteiga
55 g de farinha de trigo tipo 1
90 g de ovo

Montagem

400 g de gianduia
10 g de manteiga de cacau

GANACHE DE GIANDUIA

No dia anterior ao preparo, ferva metade do creme de leite em uma panela. Despeje o líquido quente sobre a manteiga, a gianduia e o chocolate picado. Acrescente o creme de leite restante e bata com um mixer até obter uma ganache homogênea. Coe com um chinois e leve à geladeira por cerca de 12 horas.

MASSA SUCRÉE DE CHOCOLATE

Prepare como indicado na p. 342.

PRALINÉ DE AVELÃ

Prepare como indicado na p. 342.

MASSA CHOUX DE CHOCOLATE

Misture o cacau com as claras. Ferva a água, o leite, o sal, o açúcar e a manteiga em uma panela por 1 a 2 minutos. Acrescente a farinha e misture em fogo baixo até formar uma massa que se solte facilmente das laterais. Em uma batedeira, usando um batedor raquete, bata para remover o vapor e, em seguida, adicione os ovos em três porções. Acrescente a mistura de cacau em pó. Deixe esfriar por cerca de 2 horas. Em uma bandeja de forno forrada com um tapete de silicone (ou uma folha de papel-manteiga), faça bolinhas de choux de 2 cm de diâmetro. Asse em um forno de lastro a 175 °C por 30 minutos (caso use um forno convencional, coloque a massa em um forno preaquecido a 260 °C, desligue-o por 15 minutos, volte a ligá-lo e continue a assar a 160 °C por 10 minutos).

MONTAGEM

Use 300 g de gianduia para rechear as choux. Misture os 100 g restantes com a manteiga de cacau derretida. Espalhe ⅔ do praliné sobre a base da massa sucrée. Distribua cerca de dez choux sobre a torta. Preencha os espaços vazios com a mistura de gianduia e manteiga de cacau. Leve à geladeira por 1 hora.

DECORAÇÃO

Usando um saco de confeitar com um bico nº 104, espalhe a ganache sobre a torta em um movimento contínuo de vaivém. A ideia é cobrir toda a superfície, formando fitas entrelaçadas.

LICHIA

Ganache de lichia e pimenta-verbena

●

Ingredientes na p. 340.

Lichia

●

600 g de purê de lichia
60 g de açúcar refinado
6 g de ágar-ágar
3 g de goma xantana
170 g de aloe vera
10 g de tagete
830 g de lichia

Cobertura rosa

●

Ingredientes na p. 338.

Cobertura verde

●

Ingredientes na p. 338.

Cobertura branca

●

Ingredientes na p. 338.

Cobertura das barquetes

●

Açúcar gelado

GANACHE DE LICHIA E PIMENTA-VERBENA

Prepare como indicado na p. 340.

LICHIA

Ferva o purê de lichia e, em seguida, adicione o açúcar previamente misturado com o ágar-ágar. Deixe descansar na geladeira e depois passe no processador para soltar o gel. Adicione a xantana, a aloe vera cortada em cubos, as tagetes finamente picadas e as lichias cortadas em quatro pedaços. Despeje em forminhas de barquetes (calissons) de 8 cm de comprimento. Coloque-as no freezer. Desenforme com cuidado.

DECORAÇÃO

Em uma batedeira, bata a ganache. Corte a extremidade de um saco de confeitar sem bico no formato de um bico saint-honoré, fazendo um entalhe de 2 mm. Em cada lichia congelada, desenhe pequenas chamas com a ganache: comece em uma extremidade da barquete e vá em direção à outra, acompanhando o formato. As chamas devem ficar uniformes.

COBERTURAS ROSA, VERDE E BRANCA

Prepare como indicado na p. 338.

COBERTURA DAS BARQUETES

Em um recipiente com a cobertura rosa, trace uma linha horizontal central com a cobertura verde e, em seguida, crie manchas de forma desordenada com a cobertura branca. Usando palitos de madeira, espete as lichias congeladas e mergulhe-as nessa mistura de coberturas a 30 °C, de maneira que a linha verde fique posicionada no centro da lichia. Remova cuidadosamente a fruta esculpida da cobertura para obter um resultado matizado. Assim que a cobertura endurecer (1 a 2 minutos), polvilhe levemente com açúcar gelado. Coloque na geladeira por cerca de 4 horas antes de servir.

SERVE DE 6 A 8 PESSOAS

CHOCOLATE

Ganache de chocolate

550 g de creme de leite fresco

50 g de chocolate amargo 66% cacau

21 g de massa de gelatina (3 g de gelatina em pó e 18 g de água)

Massa sucrée de chocolate

Ingredientes na p. 342.

Praliné de nibs

100 g de avelã

30 g de açúcar refinado

40 g de nibs de cacau

40 g de óleo de semente de uva

2 g de flor de sal

Caramelo com chocolate

50 g de açúcar refinado

80 g de glucose

130 g de leite

135 g de creme de leite fresco

2 g de flor de sal

40 g de manteiga

50 g de chocolate amargo

Biscuit de chocolate

100 g de farinha de amêndoa

90 g de açúcar demerara

40 g de farinha de trigo tipo 1

4 g de fermento químico em pó

10 g de cacau químico em pó

5 g de sal

135 g de clara de ovo

40 g de gema de ovo

25 g de creme de leite fresco

40 g de manteiga

20 g de açúcar refinado

Nappage de cacau

100 g de nappage neutra

10 g de cacau em pó

GANACHE DE CHOCOLATE

No dia anterior ao preparo, aqueça metade do creme de leite em uma panela. Despeje sobre o chocolate picado e a massa de gelatina. Bata com um mixer, acrescentando o creme de leite restante, até obter uma ganache homogênea. Coe com um chinois e deixe descansar em geladeira por cerca de 12 horas.

MASSA SUCRÉE DE CHOCOLATE

Prepare como indicado na p. 342.

PRALINÉ DE NIBS

Leve as avelãs ao forno a 165 °C por 15 minutos. Faça um caramelo seco com o açúcar e deixe esfriar antes de bater com um mixer. Bata as avelãs com os nibs e o óleo. Em uma batedeira, bata todos os ingredientes usando um batedor raquete.

CARAMELO COM CHOCOLATE

Em uma panela, aqueça o açúcar e 55 g da glucose a 185 °C até a mistura obter uma coloração âmbar. Ao mesmo tempo, aqueça 50 g do leite, o creme de leite, a glucose restante e a flor de sal. Faça a deglaçagem do caramelo com a mistura de leite quente. Cozinhe a 105 °C e, em seguida, coe com um chinois. Quando o caramelo atingir 70 °C, adicione a manteiga, o chocolate picado e o leite restante. Misture com o mixer e passe pelo chinois.

BISCUIT DE CHOCOLATE

Misture a farinha de amêndoa, o açúcar demerara, a farinha de trigo, o fermento, o cacau em pó e o sal com 25 g de clara de ovo, as gemas e o creme de leite. Acrescente a manteiga previamente derretida. Bata o restante das claras em neve e acrescente o açúcar refinado. Misture as duas preparações. Em uma bandeja de forno forrada com um tapete de silicone, usando um saco de confeitar, coloque a massa em um aro de 18 cm de diâmetro. Asse a 175 °C por 8 minutos, girando a bandeja na metade do tempo.

MONTAGEM

Espalhe uma camada de praliné sobre a massa sucrée de chocolate. Coloque o biscuit por cima e, em seguida, cubra com uma camada de caramelo. Reserve na geladeira.

NAPPAGE DE CACAU

Leve ao fogo a nappage neutra e o cacau em pó, mexendo sempre com um fouet. Quando a mistura estiver fervendo, cubra diretamente o bolo, como mostrado a seguir.

DECORAÇÃO

Em uma batedeira, bata a ganache. Segure um pequeno suporte de metal (pino para flores) com uma das mãos. Na outra, segure um bico saint-honoré nº 104. Com a ganache, crie o centro de uma rosa fazendo o formato de um zero e depois desenhando semicírculos ao redor dele; os arcos vão ficando cada vez maiores. Usando uma pistola de pulverização, cubra uniformemente o bolo.

SERVE DE 6 A 8 PESSOAS

LIMÃO – CAVIAR

Ganache de limão-siciliano

Ingredientes na p. 340.

Cobertura branca

100 g de manteiga de cacau
100 g de chocolate branco

Decoração

6 a 8 limões-caviar

Gel de limoncello

300 g de limoncello
30 g de açúcar refinado
5 g de ágar-ágar
1 g de goma xantana
55 g de limão-caviar
170 g de limão-siciliano confitado
10 g de limão-siciliano em gomos
10 g de limão-taiti em gomos
10 g de toranja em gomos
10 g de laranja em gomos

GANACHE DE LIMÃO-SICILIANO

Prepare como indicado na p. 340.

GEL DE LIMONCELLO

Em uma panela, deixe o limoncello ferver e, em seguida, adicione o açúcar e o ágar-ágar previamente misturados. Quando o gel estiver frio, bata no processador e, em seguida, adicione a xantana. Reserve um pouco do gel para a decoração. Misture o restante com o limão-caviar e o limão-siciliano confitado finamente picados e os gomos de frutas cítricas cortados em pequenos pedaços irregulares. Coloque o gel em fôrmas semiesféricas de 5,5 cm de diâmetro. Leve ao freezer por cerca de 3 horas e, em seguida, retire cuidadosamente das fôrmas.

COBERTURA BRANCA

Derreta a manteiga de cacau e despeje sobre o chocolate picado. Bata com um mixer até a mistura ficar homogênea. Mergulhe os recheios congelados na cobertura a 35 °C e deixe o excesso escorrer.

DECORAÇÃO

Despeje o gel reservado no topo de cada semiesfera, formando um pequeno disco. Em uma batedeira, bata a ganache. Usando um saco de confeitar com um bico liso de 8 mm, faça pequenas bolas de ganache uniformes nas semiesferas revestidas, em volta do disco de gel, começando pelo topo e descendo. Decore o centro com limão-caviar. Coloque na geladeira por cerca de 4 horas antes de servir.

SERVE DE 6 A 8 PESSOAS

BANANA

Massa sucrée

Ingredientes na p. 342.

Creme de amêndoa

Ingredientes na p. 336.

Creme de confeiteiro de baunilha

185 g de leite
30 g de creme de leite fresco
1 fava de baunilha
60 g de gema de ovo
50 g de açúcar refinado
15 g de amido de milho
20 g de manteiga
40 g de mascarpone

Gel de banana

250 g de purê de banana
2,5 g de goma xantana

Montagem

4 bananas
100 g de nappage neutra
1 g de semente de baunilha

MASSA SUCRÉE

Prepare como indicado na p. 342.

CREME DE AMÊNDOA

Prepare como indicado na p. 336.

CREME DE CONFEITEIRO DE BAUNILHA

Prepare como indicado na p. 336.

GEL DE BANANA

Misture o purê com a xantana.

MONTAGEM

Cubra a massa sucrée com o creme de amêndoa e asse a 170 °C por 8 minutos. Deixe esfriar por cerca de 15 minutos. No centro, faça uma bola de creme de confeiteiro que servirá como ponto de referência. Em seguida, na borda, faça outra bola de creme de confeiteiro e estique-a em direção à bola central, formando uma tira. Faça o mesmo com o gel de banana. Cubra a torta inteira dessa forma, alternando as tiras. Descasque as bananas. Distribua metade de uma banana cortada em cubos em um padrão harmonioso e alise com uma espátula. Corte o restante das bananas em fatias finas e arrume-as no formato de uma roseta sobre a torta. Em uma panela, ferva a nappage neutra com as pérolas de baunilha. Coloque a mistura em uma pistola de pulverização e aplique (ou pincele levemente).

SERVE DE 6 A 8 PESSOAS

COCO E MARACUJÁ

Massa sucrée

Ingredientes na p. 342.

Praliné de coco

85 g de amêndoa
270 g de coco ralado
150 g de açúcar refinado
2 g de flor de sal

Crémeux de maracujá

140 g de purê de maracujá
5 g de gengibre
160 g de ovo
15 g de mel
165 g de manteiga
18 g de massa de gelatina (2,5 g de gelatina em pó e 15,5 g de água)

Gel de coco

100 g de purê de coco
1 g de goma xantana

Gel de maracujá

370 g de purê de maracujá
20 g de açúcar refinado
7 g de ágar-ágar
3 g de goma xantana
3 maracujás

Merengue

Ingredientes na p. 341.

Decoração

Açúcar gelado (opcional)
Coco ralado

MASSA SUCRÉE

Prepare como indicado na p. 342.

PRALINÉ DE COCO

Prepare como indicado na p. 342.

CRÉMEUX DE MARACUJÁ

Leve o purê de maracujá e o gengibre ralado ao fogo. Quando a mistura estiver fervendo, acrescente os ovos e o mel. Aqueça até 105 °C e, em seguida, adicione a manteiga e a massa de gelatina.

GEL DE COCO

Misture o purê com a xantana.

GEL DE MARACUJÁ

Ferva o purê de maracujá em uma panela e, em seguida, adicione os ingredientes secos. Bata com um mixer e deixe descansar na geladeira. Bata novamente. Corte o maracujá e remova as sementes e o suco. Misture levemente as sementes com água para remover a viscosidade. Escorra e, em seguida, adicione-as, juntamente com o suco, ao gel batido e misture.

MERENGUE

Prepare como indicado na p. 341.

MONTAGEM

Espalhe uma camada de 2 mm de espessura de praliné de coco sobre a base de massa sucrée. Leve ao freezer por cerca de 30 minutos. Adicione uma camada de gel de maracujá com o dobro da espessura do praliné. Leve novamente ao freezer por cerca de 1 hora. Finalize com uma camada de crémeux de maracujá e alise com uma espátula. Deixe firmar no freezer.

DECORAÇÃO

Depois que o crémeux estiver bem congelado, crie bolinhas de merengue formando uma coroa: usando um saco de confeitar com um bico simples nº 14, faça um ligeiro movimento para cima e, em seguida, para baixo. Molde a próxima bola ao lado da primeira e continue dessa forma por toda a torta. Repita a operação duas ou três vezes, de modo que o resultado sejam coroas de diâmetros cada vez menores, sempre partindo da anterior. Polvilhe toda a superfície com coco ralado e, em seguida, com açúcar gelado. Leve ao forno a 165 °C por 15 minutos. Retire do forno e deixe esfriar. Para finalizar, coloque gel de coco no centro.

SERVE DE 6 A 8 PESSOAS

MOCA

Dacquoise de café

- 80 g de clara de ovo
- 35 g de açúcar refinado
- 70 g de farinha de amêndoa
- 15 g de farinha de trigo
- 55 g de açúcar de confeiteiro
- 12 g de café em pó

Cobertura de chocolate ao leite

Ingredientes na p. 338.

Crocante de café

Ingredientes na p. 337.

Crémeux de café

Ingredientes na p. 336.

Creme paris-brest de café

- 140 g de leite
- 60 g de creme de leite fresco
- 2 g de semente de baunilha
- 35 g de gema de ovo
- 35 g de açúcar refinado
- 10 g de amido de milho
- 10 g de farinha de trigo
- 60 g de manteiga
- 12 g de manteiga de cacau
- 28 g de massa de gelatina (4 g de gelatina em pó e 24 g de água)
- 12 g de mascarpone
- 110 g de pasta de café
- 40 g de praliné de avelã (veja a receita na p. 342)
- 120 g de creme de leite fresco batido

Praliné de café

- 150 g de amêndoa
- 250 g de café em grãos
- 25 g de água
- 75 g de açúcar refinado
- 3 g de flor de sal

DACQUOISE DE CAFÉ

Faça um merengue francês: bata as claras em neve até ficarem firmes, adicionando o açúcar refinado em três porções. Você saberá que o merengue está pronto quando se formar um "bico de pássaro" ao erguer a pá. Misture os ingredientes secos peneirados. Coloque a dacquoise em um aro de 14 cm e leve ao forno a 170 °C por 16 minutos.

CROCANTE DE CAFÉ

Prepare como indicado na p. 337.

CRÉMEUX DE CAFÉ

Prepare como indicado na p. 336.

PRALINÉ DE CAFÉ

Leve as amêndoas e o café em grãos ao forno a 165 °C por 15 minutos. Em uma panela, aqueça a água e o açúcar a 110 °C e, em seguida, adicione as amêndoas e o café. Misture e deixe caramelizar, mexendo sempre. Despeje sobre um tapete de silicone e deixe esfriar. Enquanto acrescenta a flor de sal, bata em um processador até obter uma pasta.

COBERTURA DE CHOCOLATE AO LEITE

Prepare como indicado na p. 338.

CREME PARIS-BREST DE CAFÉ

Em uma panela, ferva o leite e o creme de leite com a baunilha. Paralelamente, bata as gemas com o açúcar, o amido de milho e a farinha. Despeje a mistura fervente sobre esse creme de gemas. Deixe ferver por 2 minutos, mexendo sempre. Adicione a manteiga, a manteiga de cacau, a massa de gelatina, o mascarpone, a pasta de café e o praliné. Deixe descansar em geladeira por cerca de 4 horas. Em uma batedeira, usando um batedor tipo globo, bata a mistura até torná-la homogênea e, em seguida, adicione o creme de leite batido.

RECHEIO

Em um aro de 16 cm de diâmetro, espalhe uma camada de crocante. Coloque o disco de dacquoise por cima. Cubra com o crémeux de café, tomando cuidado para não ultrapassar 2 cm de altura. Coloque no freezer por cerca de 3 horas.

MONTAGEM

Usando um mixer, bata o creme paris-brest de café. Com um saco de confeitar, espalhe creme em uma fôrma de 18 cm de diâmetro. Coloque uma quantidade maior no meio para que, ao posicionar o recheio, ele possa ficar bem centralizado. Adicione uma camada fina de praliné. Coloque o recheio congelado por cima. Cubra com mais creme paris-brest de café e alise com uma espátula. Leve ao freezer por cerca de 3 horas.

DECORAÇÃO

Usando um saco de confeitar com um bico pequeno e canelado, crie um círculo de creme paris-brest de café no centro do bolo. Cubra toda a superfície fazendo coroas de pétalas de flor. Leve ao freezer por cerca de 2 horas. Usando um cortador de biscoitos de 8 cm de diâmetro, remova o centro. Com uma pistola de pulverização, aplique uniformemente a cobertura de chocolate ao leite. Disponha uma camada fina de praliné de café no espaço que estava vazio no centro. Mantenha na geladeira por cerca de 4 horas antes de servir.

SERVE DE 6 A 8 PESSOAS

GALETTE

Creme de confeiteiro com frangipane

140 g de leite
25 g de creme de leite fresco
1 fava de baunilha
45 g de ovo
40 g de açúcar refinado
12 g de amido de milho
15 g de manteiga
30 g de mascarpone

Recheio da galette

60 g de manteiga
60 g de açúcar refinado
60 g de farinha de amêndoa torrada
10 g de fécula de batata
60 g de ovo
25 g de creme de confeiteiro de baunilha
25 g de pasta de frutas secas (amêndoas e avelãs)

Brioche de massa folhada

125 g de leite
15 g de fermento biológico fresco
340 g de farinha de trigo tipo 1
5 g de sal
20 g de açúcar refinado
60 g de ovo
30 g de manteiga em ponto de pomada
300 g de manteiga para folhar

Montagem

1 ovo
Manteiga
Açúcar refinado

CREME DE CONFEITEIRO COM FRANGIPANE

Ferva o leite e o creme de leite em uma panela. Adicione a baunilha, cortada ao meio e raspada, e deixe a mistura em infusão fora do fogo, coberta, por cerca de 10 minutos. Volte a ferver e coe em um chinois. Paralelamente, bata os ovos com o açúcar e o amido de milho em uma tigela grande. Despeje sobre a mistura fervente. Deixe ferver por 2 minutos e, em seguida, adicione a manteiga e o mascarpone.

RECHEIO DA GALETTE

Em uma batedeira, misture a manteiga, o açúcar, a farinha de amêndoa e a fécula usando um batedor raquete. Adicione os ovos gradualmente. Finalize com o creme de leite e a pasta de frutas secas. Coloque a mistura em um aro de 14 cm de diâmetro e 2,5 cm de altura para formar o recheio. Leve ao freezer.

BRIOCHE DE MASSA FOLHADA

Em uma batedeira, usando o gancho, misture na primeira velocidade todos os ingredientes, exceto as manteigas, adicionando gradualmente os ovos. Passe para a segunda velocidade e continue misturando até que a massa se solte das laterais. Acrescente a manteiga em ponto de pomada previamente cortada em cubos e bata até a massa ficar homogênea. Deixe crescer em temperatura ambiente (20 a 25 °C) por cerca de 1 hora. Achate a massa com a palma das mãos para liberar o gás e, em seguida, estique-a formando um retângulo. No centro, coloque um retângulo de manteiga de tamanho duas vezes menor que o da massa. Dobre as bordas, estique a massa e dobre-a uma vez sobre a manteiga. Estique-a novamente e dobre duas vezes. Volte a esticá-la e termine fazendo mais uma dobra. Deixe esfriar por cerca de 30 minutos. Corte 10 tiras de massa com cerca de 0,5 cm de largura. Estenda o restante da massa e corte dois discos de 20 cm de diâmetro. Disponha as 10 tiras horizontalmente em um dos discos. Cubra com uma folha de papel-manteiga antes de abrir as tiras com um rolo de massa. Reserve em geladeira.

MONTAGEM

Coloque o recheio congelado no centro do disco de brioche com as tiras. Cubra com o outro disco e pressione para retirar qualquer bolha de ar. Feche as bordas usando um garfo. Corte a galette usando um aro em forma de flor com 18 cm de diâmetro. Pincele a parte mais plana com o ovo batido. Coloque tudo em um aro untado com manteiga, com as tiras voltadas para baixo, sobre uma folha de papel-manteiga untada com manteiga e açúcar. Asse a 175 °C por 35 minutos. Vire a galette assim que sair do forno e desenforme-a com cuidado.

SERVE DE 6 A 8 PESSOAS

NORVÉGIENNE

Sorvete de baunilha-do-taiti

- 550 g de leite
- 130 g de creme de leite fresco
- 3 favas de baunilha-do-taiti
- 40 g de leite em pó
- 40 g de glucose em pó
- 5 g de estabilizante (superneutrose)
- 70 g de gema de ovo
- 140 g de açúcar refinado

Sorvete de baunilha-de-madagascar

- 550 g de leite
- 130 g de creme de leite fresco
- 3 favas de baunilha-de-madagascar
- 40 g de leite em pó
- 40 g de glucose em pó
- 5 g de estabilizante (superneutrose)
- 70 g de gema de ovo
- 140 g de açúcar refinado

Merengue italiano

- 70 g de água
- 300 g de açúcar refinado
- 220 g de clara de ovo

Biscuit joconde

- 140 g de ovo
- 105 g de açúcar de confeiteiro
- 105 g de farinha de amêndoa
- 30 g de farinha de trigo tipo 1
- 20 g de manteiga
- 90 g de clara de ovo
- 15 g de açúcar refinado
- 40 g de rum

Praliné de baunilha

- 150 g de amêndoa
- 1 fava de baunilha
- 100 g de açúcar refinado
- 70 g de água

SORVETE DE BAUNILHA-DO-TAITI

Em uma panela, aqueça o leite e o creme de leite com a baunilha, cortada ao meio e raspada, até cerca de 50 °C. Adicione o leite em pó, a glucose em pó e o estabilizante. Deixe ferver, retire as favas e adicione as gemas previamente branqueadas com o açúcar. Cozinhe em fogo brando. Deixe maturar por cerca de 12 horas antes de bater.

SORVETE DE BAUNILHA-DE-MADAGASCAR

Em uma panela, aqueça o leite e o creme de leite com a baunilha, cortada ao meio e raspada, até cerca de 50 °C. Adicione o leite em pó, a glucose em pó e o estabilizante. Deixe ferver, retire as favas e adicione as gemas previamente branqueadas com o açúcar. Cozinhe em fogo brando. Deixe maturar por cerca de 12 horas antes de bater.

MERENGUE ITALIANO

Em uma panela, aqueça a água e o açúcar a 121 °C. Quando a mistura atingir cerca de 115 °C, bata as claras em neve até ficarem firmes. Aos poucos, incorpore o açúcar cozido.

BISCUIT JOCONDE

Em uma batedeira, bata os ovos, o açúcar de confeiteiro e a farinha de amêndoa usando um batedor tipo globo. Acrescente a farinha e a manteiga derretida. À parte, bata as claras em neve com o açúcar refinado. Misture as duas preparações. Espalhe em uma bandeja de forno forrada com um tapete de silicone. Asse a 180 °C por 10 minutos. Deixe esfriar, corte um disco de 16 cm de diâmetro e, em seguida, pincele com o rum.

PRALINÉ DE BAUNILHA

Leve as amêndoas e a fava de baunilha ao forno a 165 °C por 15 minutos. Em uma panela, aqueça o açúcar e a água até 110 °C. Acrescente as amêndoas e a fava, mexa e deixe caramelizar. Espere o caramelo esfriar antes de bater com um mixer.

MONTAGEM

Coloque um aro de 16 cm de diâmetro sobre uma travessa. Disponha uma camada de sorvete de baunilha-do-taiti, seguida pelo disco de biscuit joconde e por uma camada de sorvete de baunilha-de-madagascar. Cubra com praliné de baunilha. Deixe descansar no freezer por 1 hora.

DECORAÇÃO

Retire o aro delicadamente. Usando um saco de confeitar com um bico canelado grande, disponha o merengue italiano em forma de caracol. Comece pelo centro e cubra toda a superfície do bolo. Passe o maçarico sobre o merengue e sirva imediatamente.

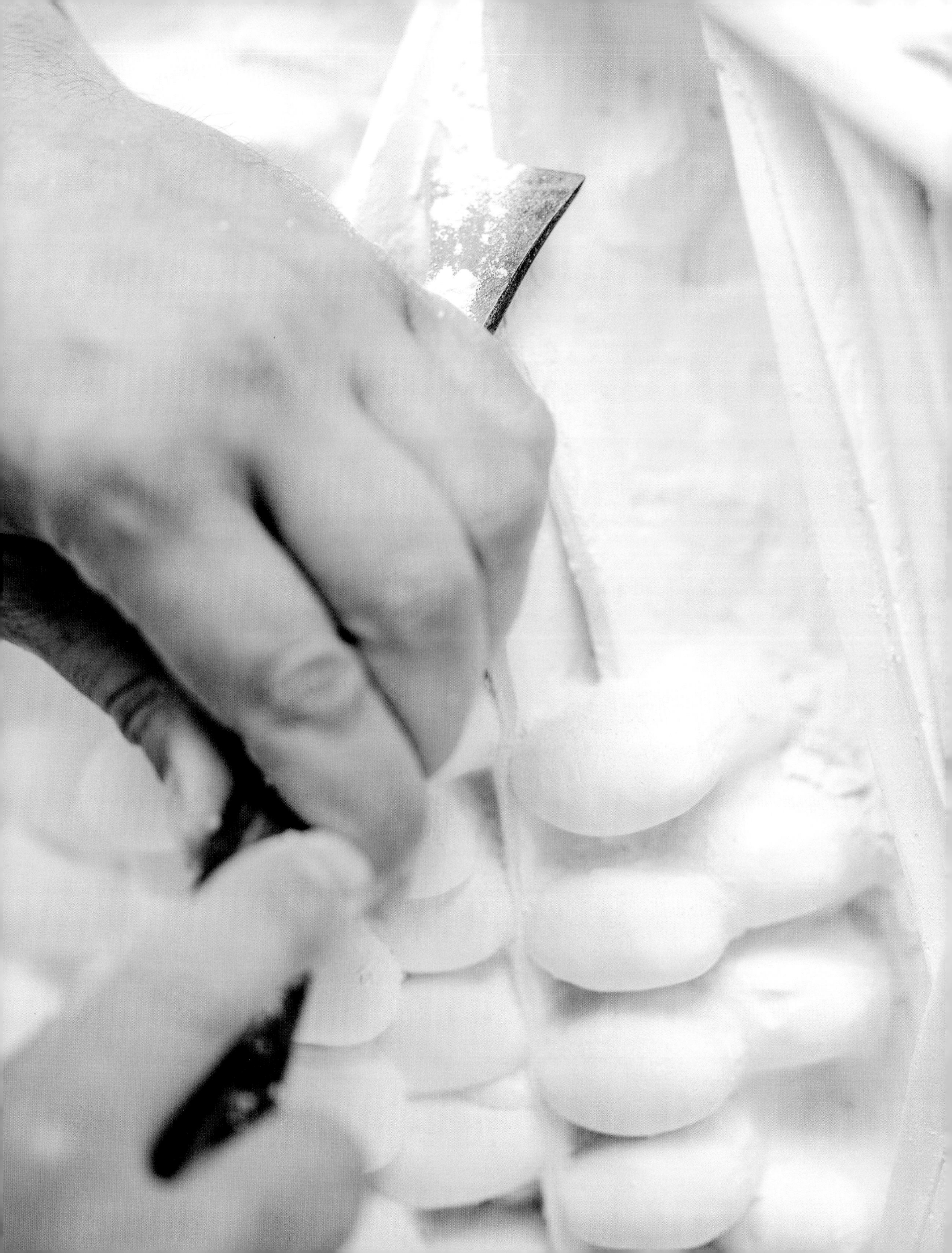

RENDE CERCA DE 10 COOKIES

COOKIES

AMENDOIM

Massa dos cookies

- 160 g de manteiga
- 200 g de açúcar demerara
- 40 g de açúcar mascavo (ou refinado)
- 40 g de açúcar refinado
- 8 g de flor de sal
- 20 g de pasta de amendoim
- 3 g de bicarbonato de sódio
- 320 g de farinha de trigo tipo 1
- 75 g de ovo
- 100 g de amendoim picado

Praliné de amendoim

- 380 g de amendoim
- 115 g de açúcar refinado
- 8 g de flor de sal

Caramelo cremoso

Ingredientes na p. 335.

Amendoim caramelizado

- 400 g de amendoim
- 120 g de açúcar refinado
- 50 g de água
- 1 pitada de cremor tártaro

CHOCOLATE E BAUNILHA

Massa dos cookies

- 100 g de manteiga
- 100 g de açúcar demerara
- 50 g de açúcar refinado
- 25 g de açúcar mascavo (ou refinado)
- 11 g de pasta de baunilha
- 50 g de ovo
- 5 g de flor de sal
- 2 g de bicarbonato de sódio
- 200 g de farinha de trigo tipo 1
- 170 g de gotas de chocolate amargo

AMENDOIM

MASSA DOS COOKIES

Em uma batedeira, bata a manteiga, os açúcares, a flor de sal, a pasta de amendoim e o bicarbonato de sódio usando um batedor raquete. Em seguida, adicione a farinha e os ovos. Finalize com o amendoim em pedaços.

PRALINÉ DE AMENDOIM

Leve os amendoins ao forno a 165 °C por 15 minutos. Faça um caramelo seco com o açúcar e deixe esfriar antes de batê-lo. Bata os amendoins com um mixer. Em uma batedeira, misture todos os ingredientes usando um batedor raquete.

CARAMELO CREMOSO

Prepare como indicado na p. 335.

AMENDOIM CARAMELIZADO

Leve os amendoins ao forno a 170 °C por 15 minutos. Misture o açúcar, a água e o cremor tártaro até dourar. Acrescente os amendoins. Deixe caramelizar por alguns minutos e, em seguida, coloque em uma assadeira coberta com um tapete de silicone. Separe os amendoins para que não grudem uns nos outros.

MONTAGEM

Modele a massa em bolinhas de aproximadamente 100 g. Disponha-as em uma bandeja de forno forrada com um tapete de silicone (ou papel-manteiga). Asse a 165 °C por cerca de 7 minutos. Ao tirar do forno, faça três pontos de praliné e três pontos de caramelo nos biscoitos. Finalize com o amendoim caramelizado.

Para brincar com os sabores, você pode substituir o amendoim (na massa, no praliné e no caramelo) por noz-pecã, pistache, avelã ou amêndoa.

CHOCOLATE E BAUNILHA

MASSA DOS COOKIES

Em uma batedeira, misture a manteiga, os açúcares e a pasta de baunilha usando um batedor raquete. Adicione os ovos previamente misturados com o sal e o bicarbonato e, em seguida, a farinha. Finalize com o chocolate amargo picado. Modele a massa em bolinhas de aproximadamente 100 g. Disponha-as em uma bandeja de forno forrada com um tapete de silicone (ou papel-manteiga). Asse a 165 °C por 7 minutos.

SERVE DE 6 A 8 PESSOAS

BOLO MÁRMORE

Ganache de chocolate

340 g de creme de leite fresco
270 g de chocolate amargo
100 g de mel
100 g de manteiga

Bolo de chocolate

130 g de ovo
40 g de açúcar invertido
65 g de açúcar refinado
40 g de farinha de amêndoa
65 g de farinha de trigo
4 g de fermento químico em pó
13 g de cacau em pó
40 g de creme de leite fresco
40 g de óleo de semente de uva
25 g de chocolate amargo 70% cacau

Bolo de baunilha

130 g de ovo
40 g de açúcar invertido
65 g de açúcar refinado
40 g de farinha de amêndoa
75 g de farinha de trigo
5 g de fermento químico em pó
65 g de creme de leite fresco
1 fava de baunilha
15 g de semente de baunilha
40 g de óleo de semente de uva
25 g de chocolate branco

Cobertura de cacau

100 g de manteiga de cacau
100 g de chocolate amargo

GANACHE DE CHOCOLATE

No dia anterior ao preparo, ferva metade do creme de leite em uma panela. Despeje o creme quente sobre o chocolate picado, o mel e a manteiga. Bata com um mixer para obter uma ganache homogênea, incorporando o creme de leite restante. Coe com um chinois e leve à geladeira por cerca de 12 horas.

BOLO DE CHOCOLATE

Em uma batedeira, misture os ovos, o açúcar invertido, o açúcar refinado e a farinha de amêndoa usando um batedor raquete. Acrescente a farinha de trigo, o fermento em pó e o cacau em pó previamente peneirados e misturados e depois adicione o creme temperado. Pegue metade da preparação e adicione o óleo de semente de uva e o chocolate derretido. Em seguida, misture tudo.

BOLO DE BAUNILHA

Em uma batedeira, misture os ovos, o açúcar invertido, o açúcar refinado e a farinha de amêndoa usando um batedor raquete. Acrescente a farinha e o fermento em pó previamente peneirados e misturados e depois adicione o creme temperado, a fava de baunilha cortada ao meio e raspada e as sementes de baunilha. Misture bem e, em seguida, retire a fava. Pegue metade da mistura e adicione o óleo de semente de uva e o chocolate branco derretido. Em seguida, misture tudo.

MONTAGEM DO BOLO MÁRMORE

Em uma fôrma de 14 cm de diâmetro, coloque a massa de baunilha, depois a massa de chocolate e mescle-as com um garfo. Asse a 180 °C por 20 minutos e depois a 160 °C por 25 minutos. Deixe esfriar.

COBERTURA DE CACAU

Derreta a manteiga de cacau e despeje sobre o chocolate picado.

DECORAÇÃO

Em uma batedeira, bata a ganache.

Etapa 1

Usando um saco de confeitar com um bico nº 14, aplique a ganache em volta do bolo: crie um drapeado regular, começando do topo até a parte de baixo. Para dar uma forma abaulada ao bolo, seu punho deve fazer um ligeiro movimento para trás ao aplicar a ganache.

Etapa 2

Para fazer a rosa do topo, disponha ganache no formato de um zero no centro do bolo e depois faça arcos ao redor, aumentando gradativamente seu tamanho. Pulverize o bolo uniformemente com a cobertura de cacau.

SERVE DE 6 A 8 PESSOAS

BISCUIT DE SAVOIE

Preparação

240 g de clara de ovo
200 g de açúcar refinado
80 g de gema de ovo
230 g de farinha de trigo
Manteiga para untar
Farinha para untar

Bata as claras em neve e acrescente o açúcar. Usando uma espátula de silicone, adicione as gemas e, em seguida, a farinha. Unte forminhas em formato de flor: pincele-as duas vezes com a manteiga derretida, depois polvilhe com a farinha e dê leves batidas para remover o excesso. Despeje 125 g da mistura em cada fôrma. Asse a 160 °C por 12 minutos.

SERVE DE 6 A 8 PESSOAS

CHEESECAKE

Shortbread

165 g de manteiga
6 g de sal
75 g de açúcar demerara
220 g de farinha de trigo
2 g de fermento químico em pó
40 g de fécula de batata

Mousse de cream cheese

200 g de creme de leite fresco
85 g de gema de ovo
40 g de açúcar refinado
17 g de massa de gelatina (2,5 g de gelatina em pó e 14,5 g de água)
330 g de mascarpone
150 g de cream cheese

Geleia de morango

475 g de morangos maduros
70 g de suco de morango
145 g de açúcar refinado
50 g de glucose em pó
10 g de pectina NH
3 g de cremor tártaro

Cobertura branca

Ingredientes na p. 338.

SHORTBREAD

Em uma batedeira, usando um batedor raquete, misture todos os ingredientes até obter uma massa homogênea. Espalhe-a em uma bandeja de forno coberta com um tapete de silicone formando uma camada de 1 cm de espessura. Asse a 150 °C por aproximadamente 20 minutos. Ao retirar do forno, corte a massa em um disco de 16 cm de diâmetro usando um cortador de biscoitos.

MOUSSE DE CREAM CHEESE

Ferva o creme de leite em uma panela. À parte, bata as gemas com o açúcar. Despeje um pouco do creme fervente sobre essa mistura e, em seguida, volte a preparação para a panela para fazer um creme inglês. Deixe cozinhar por 2 minutos e, em seguida, bata com um mixer acrescentando a massa de gelatina. Coe com um chinois e adicione o mascarpone e o cream cheese. Deixe descansar na geladeira por cerca de 6 horas.

GELEIA DE MORANGO

Cozinhe os morangos por cerca de 30 minutos, adicionando gradualmente o suco. Acrescente os ingredientes restantes, mexa e deixe ferver por 1 minuto. Reserve em geladeira.

COBERTURA BRANCA

Prepare como indicado na p. 338.

MONTAGEM

Em uma batedeira, bata a mousse de cream cheese. Coloque uma fina camada de mousse em um aro de 16 cm de diâmetro. Adicione uma camada de geleia de morango. O recheio não deve ter mais de 2 cm de altura. Leve ao freezer. Espalhe mousse de cream cheese em uma fôrma de 18 cm de diâmetro. Coloque uma quantidade maior no meio para que, ao posicionar o recheio, ele possa ficar bem centralizado. Posicione o recheio e cubra com mais mousse. Alise com uma espátula. Deixe firmar no freezer por cerca de 6 horas. Desenforme com cuidado.

DECORAÇÃO

Usando um saco de confeitar com um bico saint-honoré nº 104, crie pequenas pétalas de mousse de cream cheese em direção ao alto. Inicie pelo centro do bolo e siga em direção à borda, começando cada pétala na metade da pétala anterior, de modo que fiquem escalonadas. À medida que você avança, as pétalas devem ficar cada vez mais abertas para dar a ilusão de uma flor. Usando uma pistola de pulverização, aplique uniformemente a cobertura branca.

CARAMELO

Crocante de amêndoa

- 500 g de amêndoa crua
- 40 g de água
- 130 g de açúcar refinado
- 50 g de manteiga de cacau
- 100 g de feuilletine
- 2 g de flor de sal

Caramelo cremoso

Dobre a medida dos ingredientes indicados na p. 335.

Glaçagem de caramelo

- 115 g de leite
- 235 g de creme de leite fresco
- 75 g de glucose
- 1 fava de baunilha
- 295 g de açúcar refinado
- 20 g de fécula de batata
- 56 g de massa de gelatina (8 g de gelatina em pó e 48 g de água)

Massa de biscoito champanhe

- 85 g de gema de ovo
- 120 g de açúcar refinado
- 175 g de clara de ovo
- 120 g de farinha de trigo
- Açúcar refinado
- Açúcar de confeiteiro

Ganache de baunilha e caramelo

- 225 g de creme de leite fresco
- 85 g de gema de ovo
- 65 g de açúcar refinado
- 17 g de massa de gelatina (2,5 g de gelatina em pó e 14,5 g de água)
- 330 g de mascarpone
- 5 g de semente de baunilha

Cobertura de chocolate ao leite

Ingredientes na p. 338.

Chantili de caramelo

- 150 g de açúcar refinado
- 750 g de creme de leite fresco

CROCANTE DE AMÊNDOA

Leve as amêndoas ao forno a 100 °C por 1 hora. Em uma panela, aqueça a água e o açúcar a 110 °C. Acrescente as amêndoas e mexa. Deixe esfriar e, em seguida, bata as amêndoas com a manteiga de cacau derretida, o feuilletine e a flor de sal.

CARAMELO CREMOSO

Prepare como indicado na p. 335.

GLAÇAGEM DE CARAMELO

Ferva o leite e o creme de leite com a glucose e a baunilha cortada ao meio e raspada. Paralelamente, faça um caramelo seco com 225 g do açúcar. Junte o creme quente ao caramelo para diminuir sua temperatura. Acrescente o açúcar restante e a fécula previamente misturados. Ferva por 2 minutos. Coe com um chinois, adicione a massa de gelatina e bata com um mixer.

MONTAGEM DA PRIMEIRA CAMADA

Espalhe o crocante em um aro de 18 cm de diâmetro. Adicione uma camada fina de caramelo cremoso por cima e, em seguida, sobre uma grade, cubra com a glaçagem de caramelo. Reserve em um local fresco.

MASSA DE BISCOITO CHAMPANHE

Em uma batedeira, bata as gemas com metade do açúcar usando um batedor tipo globo. À parte, bata as claras em neve até ficarem firmes e acrescente o açúcar restante. Misture os dois preparos e, em seguida, adicione a farinha peneirada. Espalhe a massa em um aro de 14 cm de diâmetro, formando uma camada de 1 cm de altura. Polvilhe levemente com açúcar refinado e açúcar de confeiteiro. Asse a 200 °C por 5 a 6 minutos.

GANACHE DE BAUNILHA E CARAMELO

Ferva 100 g do creme de leite. Bata as gemas com 40 g do açúcar. Despeje um pouco do creme fervente sobre essa mistura e, em seguida, volte a preparação para a panela para fazer um creme inglês. Deixe cozinhar por 2 minutos e, em seguida, misture a gelatina, o mascarpone e mais 100 g do creme de leite. Coe com um chinois. Paralelamente, faça um caramelo seco com o restante do açúcar e leve o creme de leite restante e a baunilha ao fogo. Junte o creme quente ao caramelo para diminuir sua temperatura e, em seguida, deixe cozinhar por 1 a 2 minutos. Adicione essa preparação à anterior e bata com um mixer. Reserve em geladeira por cerca de 12 horas.

COBERTURA DE CHOCOLATE AO LEITE

Prepare como indicado na p. 338.

CHANTILI DE CARAMELO

Faça um caramelo seco com o açúcar e ferva 150 g do creme de leite. Quando o caramelo atingir 185 °C, faça a deglaçagem com o creme quente. Bata com um mixer e, em seguida, adicione gradualmente o creme de leite frio restante. Bata novamente e leve à geladeira por cerca de 4 horas.

MONTAGEM DA SEGUNDA CAMADA

Retire o aro da massa de biscoito. Em uma batedeira, bata a ganache. Espalhe uma camada fina de ganache em um aro de 14 cm de diâmetro. Coloque o disco de biscoito champanhe por cima e cubra com outra fina camada de ganache. A quantidade de ganache deve ser proporcional à da massa, e a montagem não deve exceder 2 cm de altura. Coloque no freezer por aproximadamente 3 horas. Usando um saco de confeitar com um bico saint-honoré nº 20, faça arcos de chantili começando de fora e seguindo para dentro. Coloque no freezer novamente.

RECHEIO

Despeje o caramelo cremoso restante em fôrmas semiesféricas de 7 cm de diâmetro. Deixe no freezer por cerca de 2 horas. Junte duas semiesferas para formar uma esfera completa. Disponha um pouco de ganache em um aro de 9 cm de diâmetro. Posicione a esfera no centro e preencha a fôrma com mais ganache para criar uma superfície lisa. Deixe firmar no freezer por cerca de 6 horas.

MONTAGEM DA TERCEIRA CAMADA

Usando um saco de confeitar com um bico liso nº 10, faça bolinhas de ganache ao redor do recheio congelado. Adicione a cobertura de caramelo no centro.

MONTAGEM FINAL

Usando uma pistola de pulverização, aplique uniformemente a cobertura de chocolate ao leite sobre a segunda camada do bolo. Coloque essa camada em cima da primeira. Por fim, coloque a terceira camada por cima. Leve à geladeira por cerca de 4 horas.

SERVE DE 6 A 8 PESSOAS

MONT BLANC

Ganache de baunilha

- 625 g de creme de leite fresco
- 1 fava de baunilha
- 140 g de chocolate branco
- 35 g de massa de gelatina (5 g de gelatina em pó e 30 g de água)

Mistura de castanha

- 240 g de leite condensado
- 600 g de creme de castanha-portuguesa
- 600 g de pasta de castanha-portuguesa
- 120 g de água

Merengue

- 100 g de clara de ovo
- 100 g de açúcar refinado
- 100 g de açúcar de confeiteiro

Biscuit de castanha

- 120 g de manteiga
- 140 g de pasta de castanha-portuguesa
- 160 g de gema de ovo
- 180 g de açúcar refinado
- 240 g de clara de ovo
- 15 g de farinha de trigo
- 15 g de fécula de batata
- Lascas de castanha-portuguesa confitada

GANACHE DE BAUNILHA

Prepare como indicado na p. 340.

MISTURA DE CASTANHA

Caramelize o leite condensado no forno a 90 °C por 4 horas. Acrescente todos os ingredientes e misture. Reserve na geladeira por aproximadamente 12 horas.

MERENGUE

Bata as claras em neve até ficarem firmes, adicionando o açúcar refinado em três porções. Para checar se o merengue está pronto, erga o batedor — as claras devem formar um pico. Acrescente o açúcar de confeiteiro. Disponha o merengue em forma de caracol em um aro de bolo de 18 cm de diâmetro. Coloque em uma bandeja de forno forrada com um tapete de silicone e asse a 90 °C por 1 hora a 1 hora e meia.

BISCUIT DE CASTANHA

Em uma batedeira, usando um batedor tipo globo, bata a manteiga com a mistura de castanha. Separadamente, bata as gemas com 60 g de açúcar e, com o açúcar restante, bata as claras em neve até ficarem firmes. Misture as três preparações com a farinha peneirada e a fécula. Espalhe a massa em uma camada fina em uma bandeja de forno forrada com um tapete de silicone e polvilhe com as lascas de castanha-portuguesa confitada. Asse a 175 °C por 13 minutos.

MONTAGEM

Em uma batedeira, bata a ganache. Espalhe a ganache por toda a superfície de uma fôrma de sobremesa de 18 cm de diâmetro. Coloque uma quantidade maior no meio para que, ao posicionar o recheio, ele possa ficar bem centralizado. Coloque um disco do biscuit de castanha com 18 cm de diâmetro. Coloque uma camada bem fina de ganache e, em seguida, uma camada da mistura de castanha. Termine com o disco de merengue. Cubra com mais ganache e alise com uma espátula. Deixe firmar no freezer por cerca de 4 horas.

DECORAÇÃO

Coloque a mistura de castanha em um saco de confeitar com um bico nº 236. Faça grandes arcos circulares, começando pela base do bolo e subindo progressivamente. Inicie cada arco na metade do arco anterior. Leve à geladeira por 4 horas antes de servir.

SERVE DE 6 A 8 PESSOAS

CHOU

Massa choux

100 g de água
100 g de leite
4 g de sal
8 g de açúcar de confeiteiro
90 g de manteiga
110 g de farinha de trigo tipo 1
180 g de ovo
Açúcar perolado

Chantili de baunilha

Ingredientes na p. 335.

MASSA CHOUX

Ferva a água, o leite, o sal, o açúcar de confeiteiro e a manteiga em uma panela por 1 a 2 minutos. Acrescente a farinha e misture em fogo baixo até formar uma massa que se solte facilmente das laterais. Coloque-a na tigela de uma batedeira. Com um batedor raquete, bata para eliminar o vapor e, em seguida, adicione os ovos em três porções. Deixe esfriar por cerca de 2 horas. Em uma bandeja de forno forrada com um tapete de silicone, coloque a massa choux com o saco de confeitar, reduzindo gradualmente a pressão com a mão para obter um formato de gota. Polvilhe com o açúcar perolado. Asse em um forno de lastro a 175 °C por 30 minutos (caso use um forno convencional, coloque a massa em um forno preaquecido a 260 °C, desligue-o por 15 minutos, volte a ligá-lo e continue a assar a 160 °C por 10 minutos).

CHANTILI DE BAUNILHA

Prepare como indicado na p. 335.

MONTAGEM

Bata o creme de chantili em uma batedeira. Corte as gotas de massa choux ao meio, no sentido do comprimento. Usando um saco de confeitar com bico canelado, preencha uma das metades com o chantili, formando redemoinhos. Cubra com a outra metade da massa choux.

SERVE DE 6 A 8 PESSOAS

ÓPERA

Ganache de café

Ingredientes na p. 338.

Biscuit de café

120 g de manteiga
140 g de pasta de café
240 g de clara de ovo
180 g de açúcar refinado
160 g de gema de ovo
15 g de farinha de trigo
15 g de fécula de batata

Gel de ristretto

500 g de ristretto
25 g de açúcar refinado
7 g de ágar-ágar

Crocante de café

Ingredientes na p. 337.

Crémeux de café

Ingredientes na p. 336.

Glaçagem Ópera

375 g de pâte à glacer brune
125 g de chocolate amargo
65 g de óleo de semente de uva

Montagem do bolo

Cacau em pó
50 g de chocolate amargo
1 pitada de carvão vegetal em pó

Opéra

Opéra

GANACHE DE CAFÉ

Prepare como indicado na p. 338.

BISCUIT DE CAFÉ

Derreta a manteiga e misture-a com a pasta de café. Bata as claras em neve com 120 g do açúcar até ficarem firmes. Bata as gemas com o açúcar restante. Misture as claras em neve com as gemas bem batidas e, em seguida, adicione a mistura de manteiga e café, além da farinha e da fécula. Espalhe uma camada fina de massa sobre uma bandeja de forno forrada com um tapete de silicone e asse a 210 °C por 4 minutos. Em seguida, corte uma flor de 18 cm de diâmetro usando um cortador de biscoitos.

GEL DE RISTRETTO

Ferva o ristretto em uma panela e, em seguida, adicione o açúcar e o ágar-ágar. Misture e deixe endurecer na geladeira. Quando estiver firme, bata novamente.

CROCANTE DE CAFÉ

Prepare como indicado na p. 337.

CRÉMEUX DE CAFÉ

Prepare como indicado na p. 336.

GLAÇAGEM ÓPERA

Em uma panela, derreta a pâte à glacer brune a 40 °C com o chocolate e, em seguida, adicione o óleo.

MONTAGEM

Em uma batedeira, bata a ganache. Espalhe uma camada fina do crocante em uma fôrma em formato de flor com 18 cm de diâmetro. Coloque a flor de biscuit por cima. Adicione uma camada do crémeux de café e, em seguida, uma camada de gel de ristretto. Finalize com uma camada de ganache. Sobre uma grade, cubra o bolo com a glaçagem e depois com cacau em pó. Derreta o chocolate, adicione o carvão vegetal em pó e, usando um cone de confeitar (ou um bico de confeitar simples nº 1), escreva a palavra “Ópera” no centro.

SERVE DE 6 A 8 PESSOAS

NOEL

Sablé de chocolate e flor de sal

Ingredientes na p. 343.

Biscuit de chocolate

100 g de farinha de amêndoa
90 g de açúcar demerara
40 g de farinha de trigo tipo 1
4 g de fermento químico em pó
10 g de cacau em pó
5 g de sal
135 g de clara de ovo
40 g de gema de ovo
25 g de creme de leite fresco
40 g de manteiga
20 g de açúcar refinado

Recheio de cereja morello

500 g de purê de cereja morello
6 g de goma xantana
750 g de cereja morello confitada
125 g de cereja morello em calda

Ganache de baunilha e kirsch

625 g de creme de leite fresco
1 fava de baunilha
140 g de chocolate branco
35 g de massa de gelatina (5 g de gelatina em pó e 30 g de água)
125 g de kirsch

Crémeux de baunilha

Ingredientes na p. 336.

Cobertura rubi

Ingredientes na p. 338.

Cobertura branca

Ingredientes na p. 338.

SABLÉ DE CHOCOLATE E FLOR DE SAL

Prepare o sablé como indicado na p. 343. Depois que a massa esfriar, corte-a no formato de um disco de 13 cm de diâmetro usando um cortador de biscoitos.

BISCUIT DE CHOCOLATE

Misture os ingredientes secos com 25 g de clara de ovo, as gemas e o creme de leite. Acrescente a manteiga derretida. Bata as claras restantes até ficarem firmes e acrescente o açúcar refinado. Misture as duas preparações. Em uma bandeja de forno forrada com um tapete de silicone, coloque a massa em um aro de 10 cm de diâmetro. Asse a 175 °C por 8 minutos, virando o biscuit na metade do tempo.

RECHEIO DE CEREJA MORELLO

Misture o purê de cereja morello com a goma xantana e, em seguida, adicione a cereja confitada e a em calda.

GANACHE DE BAUNILHA E KIRSCH

No dia anterior, aqueça metade do creme de leite em uma panela. Acrescente a fava de baunilha, cortada ao meio e raspada. Cubra e deixe em infusão fora do fogo por cerca de 10 minutos. Aqueça a mistura novamente antes de coá-la em uma peneira fina. Despeje sobre o chocolate picado e a massa de gelatina. Misture com o kirsch e o creme de leite restante para obter uma ganache homogênea. Deixe descansar na geladeira por cerca de 12 horas.

CRÉMEUX DE BAUNILHA

Prepare como indicado na p. 336.

COBERTURAS RUBI E BRANCA

Prepare como indicado na p. 338.

MONTAGEM DO BONNET

Em uma batedeira, bata a ganache. Com o saco de confeitar, espalhe uma camada de ganache em uma fôrma flexível semiesférica de 14 cm de diâmetro. Despeje uma camada do recheio de cereja e, em seguida, coloque o biscuit. Adicione uma camada fina de ganache para criar uma superfície lisa. Coloque o sablé por cima. Adicione mais ganache e alise com uma espátula. Leve ao freezer para firmar por cerca de 4 horas.

DECORAÇÃO

Etapa 1

Para fazer o bonnet, remova cuidadosamente a semiesfera do molde. Usando um bico de confeitar saint-honoré nº 20, faça grandes linhas de ganache saindo do centro da semiesfera em direção à base. Borrife o bonnet com a cobertura rubi, cobrindo-o uniformemente.

Etapa 2

Para fazer o pompom, usando um bico saint-honoré nº 20, aplique a ganache no formato de pequenas chamas sobre a esfera de crémeux de baunilha congelada. Com uma pistola de pulverização, borrife o pompom uniformemente com a cobertura branca. Coloque-o sobre o bonnet. Leve à geladeira por cerca de 4 horas.

SERVE DE 6 A 8 PESSOAS

CHOCOLATE AO LEITE

Ganache de chocolate ao leite

625 g de creme de leite fresco
1 fava de baunilha
140 g de chocolate ao leite
35 g de massa de gelatina (5 g de gelatina em pó e 30 g de água)

Crémeux de baunilha

Ingredientes na p. 336.

Crocante de chocolate e baunilha

2 favas de baunilha
200 g de amêndoa
70 g de açúcar refinado
200 g de feuilletine
20 g de óleo de semente de uva
100 g de chocolate ao leite

Caramelo de chocolate ao leite

50 g de açúcar refinado
80 g de glucose
130 g de leite
135 g de creme de leite fresco
2 g de flor de sal
40 g de manteiga
50 g de chocolate ao leite

Cobertura de chocolate ao leite

Ingredientes na p. 338.

GANACHE DE CHOCOLATE AO LEITE

No dia anterior ao preparo, aqueça metade do creme de leite em uma panela. Acrescente a fava de baunilha, cortada ao meio e raspada. Cubra e deixe em infusão fora do fogo por cerca de 10 minutos. Aqueça a mistura novamente antes de coá-la em um chinois. Despeje-a sobre o chocolate picado, a massa de gelatina e o creme de leite restante. Misture para obter uma ganache homogênea. Deixe descansar na geladeira por cerca de 12 horas.

CRÉMEUX DE BAUNILHA

Prepare como indicado na p. 336.

CROCANTE DE CHOCOLATE AO LEITE E BAUNILHA

Asse as favas de baunilha e as amêndoas no forno a 165 °C por 15 minutos. Faça um caramelo seco com o açúcar para obter 30 g de caramelo. Despeje o caramelo quente sobre as favas de baunilha. Deixe esfriar até que o caramelo se solidifique. Usando um mixer, bata o feuilletine separadamente, depois acrescente o caramelo com a baunilha e, por fim, as amêndoas, incorporando gradualmente o óleo. Em uma batedeira, com o batedor raquete, misture todos os ingredientes, adicionando gradualmente o chocolate ao leite derretido. Disponha uma camada fina do crocante em uma fôrma quadrada de 20 cm. Leve ao freezer por cerca de 30 minutos.

CARAMELO DE CHOCOLATE AO LEITE

Em uma panela, aqueça o açúcar e 55 g da glucose a 185 °C, até obter uma coloração âmbar. Em outra panela, aqueça 50 g do leite, o creme de leite, a glucose restante e a flor de sal. Faça a deglaçagem do caramelo com a mistura de leite quente. Cozinhe a 105 °C e, em seguida, coe o caramelo com um chinois. Quando o caramelo atingir 70 °C, adicione a manteiga, o chocolate picado e o leite restante. Misture e passe novamente pelo chinois.

COBERTURA DE CHOCOLATE AO LEITE

Prepare como indicado na p. 338.

MONTAGEM

Em uma batedeira, bata a ganache. Em uma fôrma de bolo quadrada de 20 cm decorada com arabescos, distribua uma camada fina de ganache por toda a superfície, não esquecendo das bordas. Espalhe uma camada de crémeux de baunilha e, em seguida, uma camada de caramelo. Adicione o quadrado crocante e cubra com a ganache. Alise com uma espátula. Leve ao freezer por cerca de 3 horas. Desenforme com cuidado e pulverize uniformemente com a cobertura de chocolate ao leite. Leve o bolo à geladeira, deixando descansar por cerca de 4 horas.

LARANJA-SANGUÍNEA

Ganache de pimenta-verbena

530 g de creme de leite fresco
120 g de leite
3 g de pimenta-verbena
145 g de chocolate branco
25 g de massa de gelatina (3,5 g de gelatina em pó e 21,5 g de água)

Biscuit joconde

Ingredientes na p. 335.

Gel de laranja-sanguínea

100 g de suco de laranja-sanguínea
10 g de açúcar refinado
2 g de ágar-ágar

Gel de limão-siciliano

100 g de suco de limão-siciliano
10 g de açúcar refinado
2 g de ágar-ágar

Geleia de laranja-sanguínea

150 g de suco de laranja
15 g de açúcar refinado
2,5 g de ágar-ágar
1 g de goma xantana
75 g de laranja-sanguínea confitada
25 g de raspas de laranja-sanguínea
75 g de polpa de laranja-sanguínea
1 g de pimenta-verbena em pó
1 g de pimenta-verbena em grãos

Cobertura rubi

Ingredientes na p. 338.

GANACHE DE PIMENTA-VERBENA

No dia anterior, em uma panela, aqueça metade do creme de leite com o leite e a pimenta-verbena. Despeje sobre o chocolate picado e a massa de gelatina. Misture para obter uma ganache homogênea, incorporando o creme de leite restante. Coe com um chinois e deixe descansar na geladeira por aproximadamente 12 horas.

BISCUIT JOCONDE

Prepare como indicado na p. 335. Deixe esfriar e corte um disco de 16 cm de diâmetro.

GEL DE LARANJA-SANGUÍNEA

Ferva o suco de laranja em uma panela. Acrescente o açúcar previamente misturado com o ágar-ágar. Bata com o mixer. Leve à geladeira por cerca de 2 horas. Bata novamente antes de usar.

GEL DE LIMÃO-SICILIANO

Ferva o suco de limão em uma panela. Acrescente o açúcar previamente misturado com o ágar-ágar. Bata com o mixer. Leve à geladeira por cerca de 2 horas. Bata novamente antes de usar.

GELEIA DE LARANJA-SANGUÍNEA

Ferva o suco de laranja em uma panela e, em seguida, adicione o açúcar e o ágar-ágar. Quando a mistura estiver fria, passe-a pelo processador, amolecendo bem a geleia, e acrescente a xantana. Acrescente os três tipos de laranja-sanguínea cortados em cubos e a pimenta-verbena.

RECHEIO

Em um aro de 16 cm de diâmetro e 3 cm de altura, disponha o biscuit joconde. Coloque uma camada de geleia. Adicione pontos de gel de limão-siciliano e de gel de laranja-sanguínea. Leve ao freezer por cerca de 3 horas.

COBERTURA RUBI

Prepare como indicado na p. 338.

MONTAGEM

Em uma batedeira, bata a ganache. Espalhe um pouco da ganache na base e nas laterais de uma fôrma em formato de rosa com 20 cm de diâmetro. Coloque uma quantidade maior de ganache no meio para que depois o recheio possa ficar bem centralizado. Posicione o recheio no meio, cubra-o com a ganache e alise com uma espátula. Leve ao freezer por cerca de 6 horas. Desenforme com cuidado e, usando uma pistola, pulverize uniformemente a cobertura sobre o bolo.

SERVE DE 6 A 8 PESSOAS

TRUFA

Ganache de chocolate

- 550 g de creme de leite fresco
- 50 g de chocolate amargo 66% cacau
- 21 g de massa de gelatina (3 g de gelatina em pó e 18 g de água)

Massa sucrée de chocolate

Ingredientes na p. 342.

Crocante de praliné e nibs de cacau

- 100 g de avelã
- 30 g de açúcar refinado
- 40 g de nibs de cacau
- 40 g de óleo de semente de uva
- 2 g de flor de sal
- 50 g de feuilletine

Creme de trufa

- 200 g de creme de leite fresco
- 5 g de trufa negra em lascas
- 1 pitada de flor de sal
- 4 g de goma xantana
- 5 g de óleo de trufa

Montagem

- Nibs de cacau
- Trufa em lascas
- 1 trufa negra

GANACHE DE CHOCOLATE

No dia anterior, aqueça metade do creme de leite em uma panela. Despeje sobre o chocolate picado e a massa de gelatina. Misture até obter uma ganache homogênea, adicionando gradualmente o creme de leite restante. Coe com um chinois e deixe descansar na geladeira por cerca de 12 horas.

MASSA SUCRÉE DE CHOCOLATE

Prepare como indicado na p. 342.

CROCANTE DE PRALINÉ E NIBS DE CACAU

Asse as avelãs no forno a 165 °C por 15 minutos. Faça um caramelo seco com o açúcar. Deixe esfriar antes de acrescentá-lo à receita. Misture as avelãs com os nibs de cacau e o óleo. Em uma batedeira, misture todos os ingredientes usando o batedor raquete e, em seguida, adicione o feuilletine.

CREME DE TRUFA

Em uma panela, leve o creme de leite à fervura com a trufa em lascas e o sal. Após a fervura, bata a mistura, coe com um chinois e deixe esfriar. Adicione a xantana e o óleo de trufa, misturando novamente.

MONTAGEM

Sobre a base da massa sucrée de chocolate, espalhe uma camada de crocante de praliné e nibs de cacau. Adicione uma camada de ganache levemente batida. Polvilhe com lascas de trufa e, em seguida, cubra com uma fina camada de creme de trufa. Cubra completamente com os nibs de cacau. Usando um ralador de trufas (ou mandolim), corte as trufas em tiras para formar uma roseta.

SERVE DE 6 A 8 PESSOAS

ÁRVORE FLORIDA

BASE COMUM

● Ganache de chocolate branco
1 kg de creme de leite fresco
2,25 kg de chocolate branco

CROCANTES

AMÊNDOA E MEL

● Praliné de amêndoa e mel
Ingredientes na p. 342.
● Crocante de amêndoa e mel
1 kg de praliné de amêndoa e mel
50 g de pólen
300 g de feuilletine
75 g de manteiga de cacau

NOZ-PECÃ

● Praliné de noz-pecã
Ingredientes na p. 343.
● Crocante de noz-pecã
Ingredientes na p. 337.

PISTACHE

● Praliné de pistache
Ingredientes na p. 343.
● Crocante de pistache
Ingredientes na p. 337.

AMÊNDOA E TIMUT

● Crocante de amêndoa e timut
Ingredientes na p. 337.

COCO

● Praliné de coco
Ingredientes na p. 342.
● Crocante de coco
Ingredientes na p. 337.

BAUNILHA

● Crocante de baunilha
Ingredientes na p. 337.

AVELÃ

● Crocante de avelã
Ingredientes na p. 337.

Na árvore florida, a ideia é preparar uma esfera de crocante do sabor desejado e, usando um saco de confeitar, fazer vários tipos de flores em ganache de chocolate, de acordo com as flores apresentadas no livro. Você pode cobri-las como desejar (veja receitas de coberturas coloridas na p. 338), dando asas à sua criatividade. Para montar a árvore, as flores devem estar bem congeladas. Elas serão presas a um "tronco" de chocolate branco.

BASE COMUM

GANACHE DE CHOCOLATE BRANCO

Leve o creme de leite à fervura e, em seguida, despeje-o sobre o chocolate picado.

CROCANTES

AMÊNDOA E MEL

Prepare o praliné como descrito na p. 342.
Para o crocante, derreta a manteiga de cacau. Adicione os ingredientes restantes e misture.

NOZ-PECÃ

Prepare um praliné como indicado na p. 343 e, em seguida, um crocante de nozes como indicado na p. 337.

PISTACHE

Faça um praliné como indicado na p. 343 e, em seguida, um crocante como indicado na p. 337.

AMÊNDOA E TIMUT

Prepare um crocante como indicado na p. 337.

COCO

Prepare um praliné como indicado na p. 342 e, em seguida, um crocante como indicado na p. 337.

BAUNILHA

Prepare um crocante como indicado na p. 337.

AVELÃ

Prepare um crocante como indicado na p. 337.

MONTAGEM DAS ESFERAS DE CROCANTE

Coloque cada crocante em fôrmas esféricas de 2, 3 ou 4 cm de diâmetro. Deixe endurecer no freezer por cerca de 2 horas. Desenforme com cuidado e, em seguida, usando o saco de confeitar com bico saint-honoré nº 104 ou liso, aplique a ganache. Cubra algumas das flores para criar um belo efeito visual.

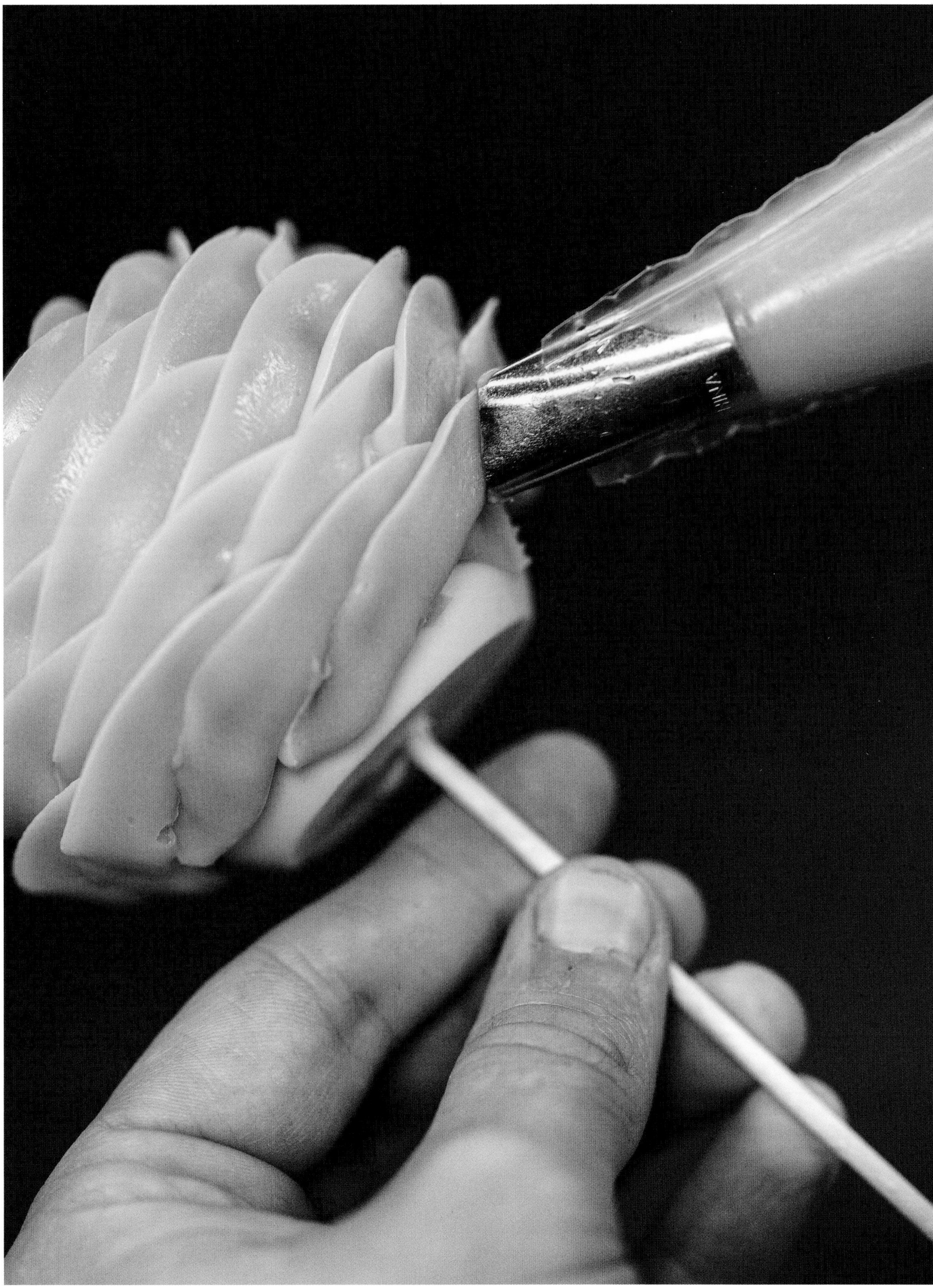

ANEXOS

RECEITAS DE BASE

BISCUIT JOCONDE

- 140 g de ovo
- 105 g de açúcar de confeiteiro
- 105 g de farinha de amêndoa
- 30 g de farinha de trigo tipo 1
- 20 g de manteiga
- 90 g de clara de ovo
- 15 g de açúcar refinado

Em uma batedeira, usando o batedor tipo globo, bata os ovos com o açúcar de confeiteiro e a farinha de amêndoa. Acrescente a farinha e a manteiga derretida. Bata as claras em neve com o açúcar refinado até ficarem firmes. Misture as duas preparações. Espalhe em uma bandeja de forno forrada com um tapete de silicone. Asse a 180 °C por 10 minutos.

BISCUIT DE PÃO DE GÊNOVA

- 70 g de manteiga
- 120 g de farinha de amêndoa
- 150 g de ovo
- 20 g de farinha de trigo tipo 1
- 20 g de fécula de batata
- 120 g de açúcar de confeiteiro

Aqueça a manteiga em uma panela a 45 °C. Misture a farinha de amêndoa com os ovos e emulsione com um mixer. Acrescente a farinha de trigo, a fécula e o açúcar previamente peneirados e a manteiga derretida. Estique a massa em um aro de 18 cm e asse a 180 °C por cerca de 20 minutos. Deixe esfriar.

BRIOCHE DE MASSA FOLHADA

- 100 g de leite
- 13 g de fermento biológico fresco
- 285 g de farinha de trigo tipo 1
- 4 g de sal
- 20 g de açúcar refinado
- 50 g de ovo
- 25 g de manteiga em ponto de pomada
- 150 g de manteiga para folhar

Em uma batedeira, usando o gancho, misture na primeira velocidade todos os ingredientes, exceto as manteigas, adicionando gradualmente os ovos. Passe para a segunda velocidade e continue misturando até que a massa se solte das laterais. Acrescente a manteiga em ponto de pomada cortada em cubos e bata até a massa ficar homogênea. Deixe crescer em temperatura ambiente (20 a 25 °C) por cerca de 1 hora. Achate a massa com a palma das mãos para liberar o gás e, em seguida, estique-a formando um retângulo. No centro, coloque um retângulo de manteiga de tamanho duas vezes menor que o da massa. Dobre as bordas, estique a massa e dobre-a uma vez sobre a manteiga. Estique-a novamente e dobre duas vezes. Volte a esticá-la e termine fazendo mais uma dobra. Leve à geladeira por 30 minutos. Estique a massa e, em seguida, forre com papel-manteiga uma fôrma em formato de flor com 18 cm de diâmetro. Coloque outra folha de papel-manteiga sobre a massa. Coloque pesinhos sobre a massa para que ela se adapte à fôrma e não infle durante o cozimento. Asse a 175 °C por 20 minutos.

CARAMELO CREMOSO

- 50 g de açúcar refinado
- 80 g de glucose
- 25 g de leite
- 105 g de creme de leite fresco
- 2 g de semente de baunilha
- 1 g de flor de sal
- 40 g de manteiga

Em uma panela, aqueça o açúcar e 55 g da glucose a 185 °C até obter uma coloração âmbar. Em outra panela, aqueça o leite e o creme de leite com a glucose restante, a baunilha e a flor de sal. Faça a deglaçagem do caramelo com a mistura de leite quente. Cozinhe a 105 °C e, em seguida, coe com um chinois. Quando o caramelo atingir 70 °C, adicione a manteiga e misture.

CHANTILI DE BAUNILHA

- 430 g de creme de leite fresco
- 2 favas de baunilha
- 15 g de açúcar refinado
- 45 g de mascarpone
- 14 g de massa de gelatina (2 g de gelatina em pó e 12 g de água)

Em uma panela, aqueça um terço do creme de leite com a baunilha e o açúcar. Quando começar a ferver, despeje sobre o mascarpone e a gelatina. Coe com um chinois e misture. Adicione gradualmente o restante do creme líquido. Reserve em geladeira.

CREME DE AMÊNDOA

- 65 g de manteiga
- 65 g de açúcar refinado
- 65 g de farinha de amêndoa
- 65 g de ovo

Em uma batedeira, usando um batedor raquete, misture a manteiga com o açúcar e a farinha de amêndoa. Aos poucos, acrescente os ovos. Reserve o creme em geladeira.

CREME DE AMÊNDOA E BAUNILHA

- 65 g de manteiga
- 65 g de açúcar refinado
- 65 g de farinha de amêndoa
- 25 g de semente de baunilha
- 65 g de ovo

Em uma batedeira, usando um batedor raquete, misture a manteiga com o açúcar, a farinha de amêndoa e a baunilha. Aos poucos, acrescente os ovos. Reserve o creme em geladeira.

CREME DIPLOMATA

- 35 g de massa de gelatina (5 g de gelatina em pó e 30 g de água)
- 265 g de creme de confeiteiro de baunilha
- 265 g de ganache de baunilha

Misture a gelatina derretida com o creme de confeiteiro em uma tigela. Em uma batedeira, bata a ganache. Divida a ganache em três partes e incorpore uma parte por vez à mistura de creme de confeiteiro de baunilha.

CREME DE CONFEITEIRO DE BAUNILHA

- 140 g de leite
- 25 g de creme de leite fresco
- 1 fava de baunilha
- 45 g de gema de ovo
- 40 g de açúcar refinado
- 12 g de amido de milho
- 15 g de manteiga
- 30 g de mascarpone

Ferva o leite e o creme de leite em uma panela. Adicione a fava de baunilha, cortada ao meio e raspada, e deixe em infusão fora do fogo, coberto, por cerca de 10 minutos. Deixe ferver novamente e coe com um chinois. Paralelamente, bata as gemas com o açúcar e o amido de milho em uma tigela. Despeje a infusão fervente sobre a mistura. Deixe ferver por 2 minutos e, em seguida, adicione a manteiga e o mascarpone.

CRÉMEUX DE CAFÉ

- 500 g de leite
- 90 g de gema de ovo
- 35 g de açúcar refinado
- 75 g de pasta de café
- 2,5 g de goma xantana

Em uma panela, aqueça o leite até quase ferver. Despeje uma parte sobre as gemas previamente batidas com o açúcar e a pasta de café. Cozinhe por 1 a 2 minutos. Deixe esfriar e, em seguida, bata com o mixer, acrescentando a xantana. Coe com um chinois e reserve em geladeira.

CRÉMEUX DE BAUNILHA

- 500 g de leite
- 3 favas de baunilha
- 90 g de gema de ovo
- 35 g de açúcar refinado

Em uma panela, leve o leite à fervura com a fava de baunilha, cortada ao meio e raspada. Despeje uma parte sobre as gemas previamente batidas com o açúcar. Junte a preparação ao leite restante e aqueça a 83 °C. Coe com um chinois, misture e reserve em geladeira.

CROCANTE DE AMÊNDOA E MEL

- 75 g de manteiga de cacau
- 1 kg de praliné de amêndoa e mel (veja a receita na p. 342)
- 50 g de pólen
- 300 g de feuilletine

Derreta a manteiga de cacau em uma panela, adicione os ingredientes restantes e misture.

CROCANTE DE AMÊNDOA E TIMUT

- 500 g de amêndoa crua
- 40 g de água
- 130 g de açúcar refinado
- 50 g de manteiga de cacau
- 100 g de feuilletine
- 10 g de pimenta-timut
- 2 g de flor de sal

Seque as amêndoas no forno a 100 °C por 1 hora. Em uma panela, aqueça a 110 °C a água e o açúcar. Acrescente as amêndoas secas e mexa-as. Deixe esfriar e, em seguida, misture as amêndoas com a manteiga de cacau derretida, o feuilletine, a pimenta-timut e a flor de sal.

CROCANTE DE CAFÉ

- 250 g de avelã
- 75 g de açúcar refinado
- 5 g de flor de sal
- 75 g de pasta de café coada
- 25 g de manteiga de cacau
- 100 g de feuilletine

Asse as avelãs no forno a 165 °C por 15 minutos. Faça um caramelo seco com o açúcar. Espere esfriar antes de misturá-lo. Acrescente as avelãs com a flor de sal e a pasta de café. Adicione a manteiga de cacau derretida e, em seguida, o feuilletine.

CROCANTE DE COCO

- 500 g de praliné de coco (veja a receita na p. 342)
- 150 g de feuilletine
- 40 g de manteiga de cacau

Misture o praliné com o feuilletine e a manteiga de cacau derretida.

CROCANTE DE AVELÃ

- 100 g de avelã
- 35 g de açúcar refinado
- 100 g de feuilletine
- 10 g de óleo de semente de uva
- 10 g de manteiga de cacau

Asse as avelãs no forno a 165 °C por 15 minutos. Faça um caramelo seco com o açúcar para obter 30 g de caramelo. Deixe esfriar até que o caramelo se solidifique. Separadamente, bata com um mixer o feuilletine, acrescente o caramelo e, por fim, as avelãs, incorporando gradualmente o óleo. Em uma batedeira, misture todos os ingredientes usando um batedor raquete, adicionando aos poucos a manteiga de cacau derretida.

CROCANTE DE NOZ-PECÃ

- 250 g de noz-pecã
- 500 g de praliné de noz-pecã (veja a receita na p. 343)
- 100 g de feuilletine
- 25 g de manteiga de cacau

Asse as nozes-pecã no forno a 165 °C por 15 minutos e depois triture-as grosseiramente. Em uma batedeira, misture todos os ingredientes usando um batedor raquete, adicionando aos poucos a manteiga de cacau derretida.

CROCANTE DE PISTACHE

- 650 g de praliné de pistache (veja a receita na p. 343)
- 195 g de feuilletine
- 50 g de manteiga de cacau

Em uma batedeira, misture todos os ingredientes usando um batedor raquete, adicionando aos poucos a manteiga de cacau derretida. Espalhe uma camada de crocante em um aro de 16 cm de diâmetro.

CROCANTE DE BAUNILHA

- 3 favas de baunilha
- 100 g de amêndoa
- 35 g de açúcar refinado
- 100 g de feuilletine
- 10 g de óleo de semente de uva
- 10 g de manteiga de cacau

Leve as favas de baunilha e as amêndoas ao forno a 165 °C por 15 minutos. Faça um caramelo seco com o açúcar para obter 30 g de caramelo. Despeje o caramelo quente sobre as favas de baunilha. Deixe esfriar até que o caramelo se solidifique. Separadamente, bata o feuilletine, acrescente o caramelo com a baunilha e, por fim, as amêndoas, incorporando gradualmente o óleo. Em uma batedeira, misture todos os ingredientes usando um batedor raquete, adicionando aos poucos a manteiga de cacau derretida.

COBERTURA BRANCA

- 100 g de manteiga de cacau
- 100 g de chocolate branco

Em uma panela, derreta a manteiga de cacau e despeje sobre o chocolate picado. Misture até ficar homogêneo.

COBERTURA DE CARVÃO VEGETAL

- 100 g de manteiga de cacau
- 100 g de chocolate branco
- 1 g de carvão vegetal em pó

Em uma panela, derreta a manteiga de cacau e despeje sobre o chocolate picado. Misture com o carvão vegetal em pó até ficar homogêneo.

COBERTURA DE CHOCOLATE AO LEITE

- 100 g de manteiga de cacau
- 100 g de chocolate ao leite

Em uma panela, derreta a manteiga de cacau e despeje sobre o chocolate picado. Misture até ficar homogêneo.

COBERTURA AMARELA

- 100 g de manteiga de cacau
- 100 g de chocolate branco
- 1 g de corante amarelo lipossolúvel

Em uma panela, derreta a manteiga de cacau e despeje sobre o chocolate picado. Misture com o corante até ficar homogêneo.

COBERTURA LARANJA

- 100 g de manteiga de cacau
- 100 g de chocolate branco
- 1 g de corante laranja lipossolúvel

Em uma panela, derreta a manteiga de cacau e despeje sobre o chocolate picado. Misture com o corante até ficar homogêneo.

COBERTURA ROSA

- 100 g de manteiga de cacau
- 100 g de chocolate branco
- 0,5 g de corante vermelho em pó

Em uma panela, derreta a manteiga de cacau e despeje sobre o chocolate picado. Misture com o corante até ficar homogêneo.

COBERTURA RUBI

- 100 g de manteiga de cacau
- 100 g de chocolate branco
- 1 g de corante vermelho em pó

Em uma panela, derreta a manteiga de cacau e despeje sobre o chocolate picado. Misture com o corante até ficar homogêneo.

COBERTURA VERDE

- 100 g de manteiga de cacau
- 100 g de chocolate branco
- 1 g de corante verde lipossolúvel

Em uma panela, derreta a manteiga de cacau e despeje sobre o chocolate picado. Misture com o corante até ficar homogêneo.

GANACHE DE CAFÉ

- 200 g de creme de leite fresco
- 50 g de café em grãos
- 85 g de gema de ovo
- 40 g de açúcar refinado
- 17 g de massa de gelatina (2,5 g de gelatina em pó e 14,5 g de água)
- 330 g de mascarpone
- 20 g de café em pó

Ferva o creme de leite e os grãos de café. Cubra e deixe em infusão fora do fogo por 10 minutos. Misture as gemas com o açúcar, despeje um pouco do creme de leite fervente sobre a mistura e volte toda a preparação para o fogo para fazer um creme inglês. Deixe cozinhar por 2 minutos, coe com um chinois e misture a massa de gelatina. Acrescente o mascarpone e o café em pó. Misture e leve à geladeira por cerca de 12 horas.

GANACHE DE LIMÃO-SICILIANO

- 800 g de creme de leite fresco
- 42 g de massa de gelatina (7 g de gelatina em pó e 35 g de água)
- 215 g de chocolate branco
- 180 g de suco de limão-siciliano

No dia anterior, aqueça metade do creme de leite em uma panela e, em seguida, adicione a massa de gelatina. Aos poucos, acrescente o chocolate picado. Misture até obter uma emulsão. Junte o creme de leite restante e, em seguida, o suco de limão-siciliano. Misture bem para obter uma mistura homogênea e deixe descansar na geladeira por cerca de 12 horas.

GANACHE DE LICHIA E PIMENTA-VERBENA

- 530 g de creme de leite fresco
- 3 g de pimenta-verbena
- 145 g de chocolate branco
- 28 g de massa de gelatina (4 g de gelatina em pó e 24 g de água)
- 100 g de suco de lichia
- 20 g de suco de limão

No dia anterior, ferva metade do creme de leite com a pimenta em uma panela. Cubra e deixe em infusão por cerca de 5 minutos. Despeje o creme de leite quente sobre o chocolate picado e a massa de gelatina. Misture para obter uma ganache suave, incorporando o creme de leite restante, o suco de lichia e o suco de limão. Coe com um chinois e leve à geladeira por cerca de 12 horas.

GANACHE DE PISTACHE

- 500 g de creme de leite fresco
- 50 g de gema de ovo
- 25 g de açúcar refinado
- 10 g de massa de gelatina (1,5 g de gelatina em pó e 8,5 g de água)
- 150 g de pasta de pistache
- 200 g de mascarpone

Ferva o creme de leite em uma panela. Misture as gemas com o açúcar. Despeje um pouco do creme fervente sobre a mistura e, em seguida, volte a preparação para a panela para fazer um creme inglês. Deixe cozinhar por 2 minutos e, em seguida, acrescente a massa de gelatina e a pasta de pistache. Coe com um chinois e adicione o mascarpone. Deixe descansar na geladeira por cerca de 12 horas.

GANACHE DE TIMUT

- 200 g de creme de leite fresco
- 2,5 g de pimenta timut
- 85 g de gema de ovo
- 40 g de açúcar refinado
- 17 g de massa de gelatina (2,5 g de gelatina em pó e 14,5 g de água)
- 330 g de mascarpone

Em uma panela, leve o creme de leite à fervura com a pimenta. Misture as gemas com o açúcar. Despeje um pouco do creme fervente sobre a mistura e, em seguida, volte a preparação para a panela para fazer um creme inglês. Deixe cozinhar por 2 minutos e, em seguida, acrescente a massa de gelatina. Coe com um chinois e adicione o mascarpone. Deixe descansar em geladeira por aproximadamente 12 horas.

GANACHE DE BAUNILHA

- 470 g de creme de leite fresco
- 1 fava de baunilha
- 100 g de chocolate branco
- 28 g de massa de gelatina (4 g de gelatina em pó e 24 g de água)

No dia anterior, aqueça metade do creme de leite em uma panela. Acrescente a baunilha, cortada ao meio e raspada. Cubra e deixe em infusão fora do fogo por cerca de 10 minutos. Aqueça a mistura novamente antes de coá-la com o chinois. Despeje sobre o chocolate picado e a massa de gelatina. Misture para obter uma ganache homogênea, incorporando o creme de leite restante. Deixe descansar em geladeira por 12 horas.

GEL DE MORANGO

- 400 g de suco de morango
- 40 g de açúcar refinado
- 6 g de ágar-ágar
- 2 g de goma xantana

Ferva o suco de morango em uma panela e, em seguida, adicione os ingredientes secos. Misture e deixe descansar em geladeira.

GEL DE FRAMBOESA

- 400 g de suco de framboesa
- 40 g de açúcar refinado
- 6 g de ágar-ágar
- 2 g de goma xantana

Ferva o suco de framboesa em uma panela e, em seguida, adicione os ingredientes secos. Misture e deixe descansar em geladeira.

GEL DE PISTACHE

- 500 g de leite de pistache
- 90 g de gema de ovo
- 35 g de açúcar refinado
- 2,5 g de goma xantana
- 75 g de pasta de pistache

Ferva o leite de pistache em uma panela. Despeje um pouco desse leite sobre as gemas, previamente batidas com o açúcar, e cozinhe por 1 a 2 minutos. Deixe esfriar. Bata com o mixer, acrescentando a xantana e a pasta de pistache. Coe com um chinois e deixe descansar em geladeira.

LEITE DE PISTACHE

- 500 g de leite
- 50 g de pistache

Misture o leite e os pistaches em um processador.

NAPPAGE DE BAUNILHA

- 100 g de nappage neutra
- 1 g de semente de baunilha

Em uma panela, deixe ferver a nappage neutra com as sementes de baunilha.

MERENGUE

- 125 g de clara de ovo
- 125 g de açúcar refinado
- 125 g de açúcar de confeiteiro

Bata as claras em neve até ficarem firmes, adicionando o açúcar refinado em três porções. O merengue estará pronto quando, ao erguer o batedor, as claras formarem um pico. Acrescente o açúcar de confeiteiro. Coloque em um saco de confeitar e reserve.

MASSA DE BABÁ

- 190 g de farinha de trigo tipo 1
- 2 g de sal
- 60 g de manteiga
- 7 g de fermento químico em pó
- 7 g de mel
- 210 g de ovo
- 20 g de leite

Em uma batedeira, usando o gancho, misture a farinha, o sal, a manteiga, o fermento e o mel. Adicione metade dos ovos e deixe misturar na primeira velocidade. Quando a massa estiver homogênea, raspe o fundo da tigela e, em seguida, adicione gradualmente os ovos restantes. Dê um pouco de corpo à massa e, em seguida, despeje o leite. Deixe bater e, em seguida, coloque a massa em um saco de confeitar.

MASSA CHOUX

- 300 g de água
- 300 g de leite
- 12 g de sal
- 25 g de açúcar refinado
- 270 g de manteiga
- 330 g de farinha de trigo tipo 1
- 540 g de ovo

Ferva a água, o leite, o sal, o açúcar e a manteiga em uma panela por 1 a 2 minutos. Acrescente a farinha e mexa em fogo baixo até formar uma massa que se solte facilmente das laterais. Transfira a massa para a tigela de uma batedeira. Com o batedor raquete, mexa para eliminar o vapor e, em seguida, adicione os ovos em três porções. Deixe esfriar por cerca de 2 horas. Em uma bandeja de forno forrada com tapete de silicone (ou uma folha de papel-manteiga), use o saco de confeitar para fazer choux de 2 cm diâmetro. Asse em forno de lastro a 175 °C por 30 minutos (em um forno convencional: preaqueça o forno a 260 °C, desligue-o por 15 minutos, depois ligue-o novamente e continue o cozimento a 160 °C por 10 minutos).

MASSA DIAMANTE

- 115 g de manteiga
- 70 g de açúcar de confeiteiro
- 25 g de farinha de avelã
- 1 g de sal
- 45 g de ovo
- 190 g de farinha de trigo tipo 1
- 60 g de fécula de batata
- Clara de ovo para pincelar
- 100 g de açúcar demerara
- 20 g de açúcar mascavo
- 20 g de açúcar de coco

Em uma batedeira, usando o batedor raquete, misture a manteiga, o açúcar de confeiteiro, a farinha de avelã e o sal. Emulsione com os ovos e, em seguida, adicione a farinha e a fécula. Misture até a massa ficar homogênea. Reserve em geladeira. Estique a massa em uma camada de 3 mm de espessura e corte-a em um disco de 35 cm de diâmetro. Forre completamente uma fôrma de 28 cm com a massa. Com uma faca, corte o excesso. Fure a massa com um garfo. Pincele levemente toda a sua superfície com a clara de ovo. Misture os três açúcares e polvilhe sobre a massa, cobrindo-a por completo. Coloque dois tapetes de silicone por cima. Asse no forno a 165 °C por 30 minutos.

MASSA SUCRÉE

- 115 g de manteiga
- 70 g de açúcar de confeiteiro
- 25 g de farinha de avelã
- 1 g de sal
- 45 g de ovo
- 190 g de farinha de trigo tipo 1
- 60 g de fécula batata

Em uma batedeira, usando o batedor raquete, misture a manteiga, o açúcar de confeiteiro, a farinha de avelã e o sal. Emulsione com os ovos e, em seguida, adicione a farinha e a fécula. Misture até a massa ficar homogênea. Reserve em geladeira. Estique a massa em uma camada de 3 mm de espessura e corte-a em um disco de 30 cm de diâmetro. Coloque-o em um aro de 20 cm de diâmetro. Com uma faca, corte o excesso. Coloque o aro em um tapete de silicone (ou em uma folha de papel-manteiga). Fure a base com um garfo. Asse a 165 °C por 30 minutos.

MASSA SUCRÉE DE CHOCOLATE

- 115 g de manteiga
- 70 g de açúcar de confeiteiro
- 25 g de farinha de avelã
- 1 g de sal
- 45 g de ovo
- 190 g de farinha de trigo tipo 1
- 60 g de fécula de batata
- 50 g de cacau em pó

Em uma batedeira, usando o batedor raquete, misture a manteiga, o açúcar de confeiteiro, a farinha de avelã e o sal. Emulsione com os ovos e, em seguida, adicione a farinha, a fécula e o cacau em pó. Misture até a massa ficar homogênea. Reserve em geladeira. Estique a massa em uma camada de 3 mm de espessura e corte-a em um disco de 30 cm de diâmetro. Coloque-o em um aro de 20 cm de diâmetro. Com uma faca, corte o excesso. Coloque o aro em um tapete de silicone (ou em uma folha de papel-manteiga). Fure a base com um garfo e asse a 165 °C por 30 minutos.

PRALINÉ DE AMÊNDOA E MEL

- 500 g de amêndoa
- 500 g de mel de lavanda

Seque as amêndoas em uma bandeja de forno a 100 °C por 1h30. Aqueça o mel a 140 °C e despeje sobre as amêndoas secas. Deixe esfriar e misture até obter um praliné.

PRALINÉ DE COCO

- 100 g de amêndoa
- 325 g de coco ralado
- 180 g de açúcar refinado
- 3 g de flor de sal

Asse separadamente as amêndoas e o coco ralado no forno a 170 °C por 15 minutos. Bata as amêndoas 5 minutos depois de retirá-las do forno até formar uma pasta e, em seguida, adicione o coco. Faça um caramelo seco com o açúcar. Deixe esfriar e depois bata com o mixer. Misture com a preparação anterior e o sal.

PRALINÉ DE AVELÃ

- 380 g de avelã
- 115 g de açúcar refinado
- 8 g de flor de sal

Asse as avelãs no forno a 165 °C por 15 minutos. Faça um caramelo seco com o açúcar. Deixe esfriar antes de misturar. Bata as avelãs com o mixer. Em uma batedeira, usando o batedor raquete, misture todos os ingredientes.

PRALINÊ DE NOZ-PECÃ

- 500 g de noz-pecã
- 125 g de açúcar refinado
- 10 g de flor de sal

Asse as nozes-pecã no forno a 165 °C por 15 minutos. Faça um caramelo seco com o açúcar. Deixe esfriar antes de misturar. Bata as nozes com o mixer. Em uma batedeira, usando o batedor raquete, misture todos os ingredientes.

PRALINÊ DE PISTACHE

- 750 g de pistache
- 225 g de açúcar refinado
- 15 g de flor de sal

Asse os pistaches no forno a 165 °C por 15 minutos. Faça um caramelo seco com o açúcar. Deixe esfriar antes de misturar. Bata os pistaches com o mixer. Em uma batedeira, usando o batedor raquete, misture todos os ingredientes.

SABLÉ BRETON RECONSTITUÍDO

- 240 g de manteiga
- 50 g de manteiga de cacau
- 210 g de açúcar refinado
- 95 g de gema de ovo
- 5 g de sal
- 360 g de farinha de trigo tipo 1
- 25 g de fermento químico em pó

Em uma batedeira, usando o batedor raquete, bata a manteiga com a manteiga de cacau e o açúcar. Acrescente as gemas e o sal. Acrescente os ingredientes secos e misture sem deixar a massa endurecer muito. Estique a massa em uma camada de 3 mm de espessura e corte-a em um disco de 20 cm de diâmetro. Coloque o disco em um aro em uma bandeja de forno forrada com um tapete de silicone. Asse a 170 °C por aproximadamente 20 minutos.

SABLÉ DE CHOCOLATE E FLOR DE SAL

- 190 g de manteiga
- 150 g de açúcar demerara
- 60 g de açúcar refinado
- 2 g de semente de baunilha
- 3 g de flor de sal
- 220 g de farinha de trigo
- 35 g de cacau em pó
- 190 g de chocolate amargo 70% cacau

Misture a manteiga amolecida com o açúcar demerara, o açúcar refinado, a baunilha e o sal. Acrescente a farinha e o cacau previamente peneirados. Adicione o chocolate picado. Espalhe a massa em uma camada de 3 mm de espessura em uma bandeja de forno forrada com um tapete de silicone e leve ao forno a 170 °C por 9 minutos. Deixe esfriar e, em seguida, corte finamente.

CALDA DE BABÁ

- 205 g de água
- 120 g de açúcar refinado
- 7 g de massa de gelatina (1 g de gelatina em pó e 6 g de água)
- 10 g de pasta de laranja confitada
- 10 g de pasta de limão-siciliano confitado
- 50 g de rum

Aqueça todos os ingredientes, exceto o rum, em uma panela. Coe com um chinois e adicione o rum.

ÍNDICE DE INGREDIENTES

A

B

C

D

E

F

G

H

K

L

M

BIOGRAFIAS

YOHANN CARON

2008

- Retorna à confeitaria depois de cinco anos na cozinha
- Aprendiz de confeiteiro no Frédérick Fossey, em Moulins

2011

- Primeiro encontro com Cédric Grolet e ingresso na equipe do Hôtel Le Meurice, como chefe de praça

2013

- Subchef confeiteiro no Le Meurice

2017

- Nascimento de Paul, seu filho

2018

- Assistente de chef na abertura da loja do Le Meurice

2019

- Chef da loja Ópera

FRANÇOIS DESHAYES

2011-2012

- Bacharelado profissionalizante em culinária em Metz, com honras

2013

- Formação complementar, habilitação sobremesa de restaurante

2014

- Auxiliar de confeitaria do Hôtel Le Meurice

2016

- Chefe de praça no Le Meurice

2018

- Subchef no Le Meurice

2019

- Assistente do chef Cédric Grolet no Le Meurice

2000

Começa sua confeitaria CAP

2006

Torna-se commis no Fauchon

2011

Torna-se subchef no Le Meurice

2013

Passa a chef confeiteiro no Le Meurice

2015

Eleito chef confeiteiro do ano pela revista *Le Chef*

2016

Recebeu o prêmio de excelência de chefe confeiteiro do ano pela associação Relais Desserts

Premiado com o troféu de chef confeiteiro do ano pela Toques Blanches

2017

Coroado chef confeiteiro do ano pela Omnivore

Publica seu primeiro livro, *Fruits*, pela Ducasse Edition

2018

Abre a loja no Le Meurice, rue de Castiglione, em Paris

Eleito o melhor chef confeiteiro do mundo pelo Les Grandes Tables du Monde

2019

Inaugura a loja Ópera na Avenue de l'Opéra, em Paris

Publica seu segundo livro, *Opéra*, pela Ducasse Edition

Eleito o melhor chef confeiteiro do mundo pelo World's 50 Best Restaurants

2021-2022

Abre sua primeira loja Cédric Grolet no The Berkeley, em Londres

Publica seu terceiro livro, *Fleurs*, pela Ducasse Edition

Flor de Rubik ● *Disponível sob encomenda na loja Cédric Grolet Ópera, 35, Avenue de l'Opéra, 75002, Paris.*

Obrigado a **FRANKA HOLTMANN**, diretora do Hôtel Le Meurice, pelo apoio incondicional. ● Obrigado a **ALAIN DUCASSE** pelos momentos preciosos que compartilhamos. ● Obrigado a **YOHANN CARON** e **FRANÇOIS DESHAYES**, meus dois chefs. Sem eles, nada seria possível. ● Obrigado às **MINHAS EQUIPES** da Ópera e do Meurice por me acompanharem ao longo do processo de produção deste livro. ● Obrigado a **LESLIE GOGOIS** e **HENRY ASSELIN** por estarem sempre tão presentes. ● Obrigado ao **ATELIER LOUIS DEL BOCA** por suas obras tão criativas, tão próximas do nosso universo. ● Obrigado a **CALVIN COURJON**, esse jovem talento, pelas fotos. ● Obrigado à **MAISON COLOM**, que me fornece frutas da mais alta qualidade. ● Obrigado à **SOINS GRAPHIQUES**, particularmente a Aurélie Mansion e Pierre Tachon, pelo talento e pelo incrível trabalho realizado na concepção deste livro. ● Obrigado à Ducasse Edition pela confiança e a **JULIE DEFFONTAINES** pela dedicação. ● Obrigado a **RÉMI TESSIER** pelos preciosos contatos e conselhos. ● Obrigado a **ALICIA**, “meu anjo da guarda”. ● Obrigado a você, **ASTRID OLIVIA**.

ADMINISTRAÇÃO REGIONAL DO SENAC
NO ESTADO DE SÃO PAULO

Presidente do Conselho Regional
Abram Szajman

Diretor do Departamento Regional
Luiz Francisco de A. Salgado

Superintendente Universitário e de Desenvolvimento
Luiz Carlos Dourado

Editora Senac São Paulo

Conselho Editorial
Luiz Francisco de A. Salgado
Luiz Carlos Dourado
Darcio Sayad Maia
Lucila Mara Sbrana Sciotti
Luís Américo Tousi Botelho

Gerente/Publisher
Luís Américo Tousi Botelho

Coordenação Editorial
Verônica Marques Pirani

Prospecção
Andreza Fernandes dos Passos de Paula
Dolores Crisci Manzano
Paloma Marques Santos

Administrativo
Marina P. Alves

Comercial
Aldair Novais Pereira

Comunicação e Eventos
Tania Mayumi Doyama Natal

Tradução
Heci Regina Candiani

Edição e Preparação de Texto
Camila Lins e Ana Luiza Candido

Coordenação de Revisão de Texto
Marcelo Nardeli

Revisão de Texto
Gabriel Joppert

Revisão Técnica
Juliana Andreazi

Coordenação de Arte
Antonio Carlos De Angelis

Editoração Eletrônica
Veridiana Freitas

Impresso na China

Créditos da edição original

Diretor de coleção Alain Ducasse

Diretora Aurore Charoy

Responsável editorial Julie Deffontaines

Direção artística, concepção gráfica e diagramação Soins Graphiques – Pierre Tachon, Camille Demaimay e Aurélie Mansion

Textos Leslie Gogois

Secretária de redação Sophie Boucher-Delesalle

Fotografias Calvin Courjon

Dados Internacionais de Catalogação na Publicação (CIP)
(Claudia Santos Costa – CRB 8ª/9050)

Grolet, Cédric
Flores : a confeitaria francesa por Cédric Grolet / Cédric Grolet ; tradução : Heci Regina Candiani. – São Paulo : Editora Senac São Paulo, 2025.

Título original: Fleurs.
ISBN 978-85-396-5488-8 (impresso/2025)

1. Confeitaria – Receitas e preparo. I. Título.

25-2438c

CDD – 641.865
BISAC CKB095000

Índice para catálogo sistemático:

1. Gastronomia : Confeitaria 641.865

Editora Senac São Paulo
Av. Engenheiro Eusébio Stevaux, 823 –
Prédio Editora
Jurubatuba – CEP 04696-000 – São Paulo – SP
Tel. (11) 2187-4450
editora@sp.senac.br
https://www.editorasenacsp.com.br